宿「ゆきむら」の猫ミーと
パラダイスで一緒に静かな時間を過ごす（加計呂麻島）

速くて揺れない東海汽船の高速ジェット船
"セブンアイランド"で、気軽に週末島旅！（伊豆大島）

夕暮れどき、岡田集落の高台から
眺める雄大な富士山（伊豆大島）

耕三寺の「未来心の丘」にて幽玄な現代アートの
世界を散策（生口島）

島のなかは猫だらけ。道を通過するときは、
猫隊の検問をうける（田代島）

圧巻の岩肌を眺めながらワイルドな地鉈温泉に浸かる（式根島）

旧正月、百々手神事で裃を着た射手衆が矢を次々と放つ（讃岐広島）

リストランテマツシマの豪華ランチ（松島）

驚愕の大漁盛り！
すべて島の海士が獲ったもの（松島）

樹齢1200年の精霊が宿る大楠で、パワーをいっぱい貰う（志々島）

毒ガス工場の発電所跡は、重々しいような雰囲気が漂う（大久野島）

桜並木が美しい山道を散歩（保戸島）

現在千羽ほどのうさぎがいる（大久野島）

アマルフィのような街並みが圧巻！（保戸島）

色彩華やかで、浮彫り装飾が見事な耕三寺の孝養門（生口島）

月面を思わせる日本唯一の砂漠から太平洋をのぞむ（伊豆大島）

毎日、宿では旅人たちとの交流が楽しい。三毛猫ミーは看板猫（加計呂麻島）

旅作家が本気で選ぶ!

週末島旅

小林　希

幻冬舎文庫

旅作家が本気で選ぶ！

週末島旅

小林　希

もくじ

週末島旅MAP

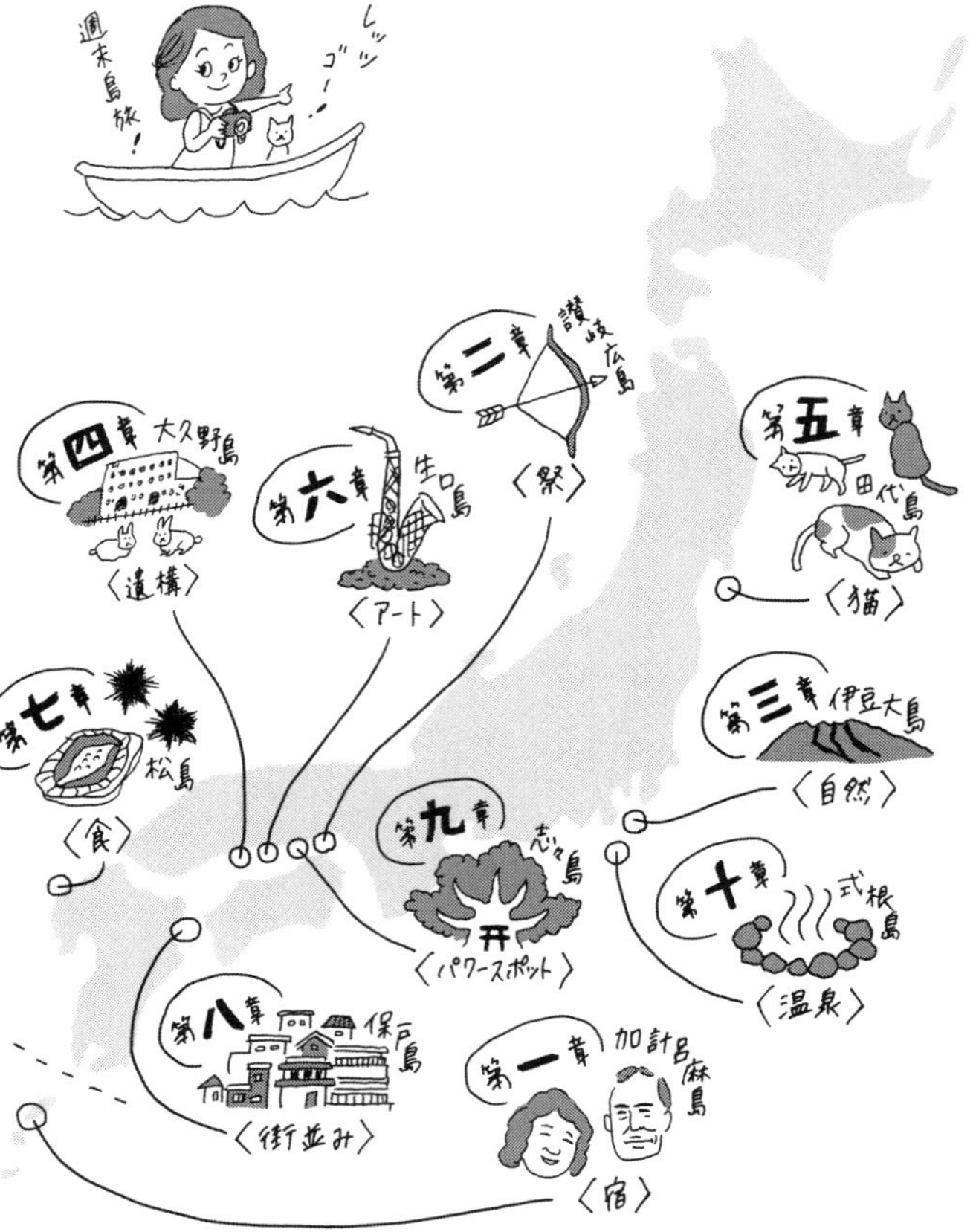
週末島旅!
レッツゴー!
第二章 讃岐広島
〈祭〉
第四章 大久野島
〈遺構〉
第六章 生口島
〈アート〉
第五章 田代島
〈猫〉
第七章 松島
〈食〉
第三章 伊豆大島
〈自然〉
第九章 志々島
〈パワースポット〉
第十章 式根島
〈温泉〉
第八章 保戸島
〈街並み〉
第一章 加計呂麻島
〈宿〉

はじめに

日本の島は、まるで百花繚乱の小さな異国です。

日本を織りなす大小無数の島は、それぞれが小国のように、独自の文化や風俗があり、辿ってきた歴史もずいぶんと異なります。島が、こんなにも面白いのかと気付いてから、世界放浪の旅に出る機会をぐっと減らし、代わりに暇があれば島へ、島へと足を運ぶようになりました。

私は、新卒から7年働いた会社を辞めて、2011年の終わりから世界放浪の旅に出ました。海外のさまざまな地域で、五感をフル活動させながら旅をしていくなかで、生き方に対する価値観が大きく変わっていきました。

足繁く島に通うようになったきっかけは、世界放浪の旅から一時帰国したときです。

もっと自然を身近に、人情味豊かな人たちと、日本の原風景のようなやさしい佇まいの家屋で、猫たちと戯れながら、太陽と月に寄り添って暮らしたい。東京都内に戻っても、そのときに求めるものがありませんでした。

そうして私は、瀬戸内海の島々をめぐる旅に出ました。それは異国を旅するように、冒険そのものでした。都会の生活に慣れれば、交通の便や商店、食事に事欠かないことが、当たり前のように感じます。

商店や信号が島にないなんて、人口が10人で猫のほうが多いなんて、学校の全校生徒が1名だなんて、移動手段は車より圧倒的に船が多いなんて。私にとって、島は、まるで想像がつかない別世界のようでした。

そのうち、讃岐広島という香川県塩飽《しわく》諸島の島で、島のみなさんと一緒に空家を再生させてゲストハウスをつくることになりました。

それを機に、島の奥深さに触れていき、みるみるうちに、どっぷりとハマっていきました。次第に瀬戸内海から足をのばし、奄美諸島や伊豆諸島など、他の島にも出向くようになったのは、ごく自然のことでした。そして行くほどに、まだ見えぬ島の顔に出会い、日本の原風景に出会い、豊かな島の恵みをお裾分けしてもらいました。

ときには暮らしも過酷な島で、長い経験をつんだ人生の先輩たちから、学ぶことは計り知れません。お腹の底から笑うときも、大粒の涙を流して泣くときも、島はやさしく受け入れてくれました。

幾度、生きている実感をおぼえたでしょう。

船が島を離れるときの、たおやかな時間の流れは、近代の時短的な思考をふっとばし、別れの切なさを心に育むことができます。そのキュンとする感情こそ、旅情だと思うのです。

今、世界はぐっと距離が縮まり、気軽に海外旅行へ行けるようになりました。かくいう私も、相変わらず世界をあちこち旅しています。

だけど日本ならではの、面白い冒険の旅ができる島は、事前準備に意気込まなくても、今週末から気軽に行くことができます。何かあっても、言葉のわかる地元の人たちが、きっと全力で助けてくれます。

本書では、私がこれまで訪れた60島ばかりの島のなかから、10個のテーマを挙げてそれぞれオススメの島をご紹介します。

自然に抱かれに、おいしいご飯を食べに、猫に会いに、温泉に浸かりに、アートや伝統行事を観に、宿でまったりしに、パワースポットでエネルギーチャージをしに、遺構で歴史を辿りに、街並みを眺めに。目的のない島旅をしているつもりでも、ふり返れば、〝それ〟を求めに行っていると感じる島々です。

特段ガイドブック的な要素は書いていません。インターネットや諸ガイドブックなどで、行き方や観光スポットなどの情報は溢れています。

それよりも、それぞれの島での豊かな体験や、出会った魅力的な人々について綴ることで、皆さんを、島旅へ誘うことができたら幸いです。

第一章

〈宿〉

加計呂麻島——神の島の、看板のない不思議な宿

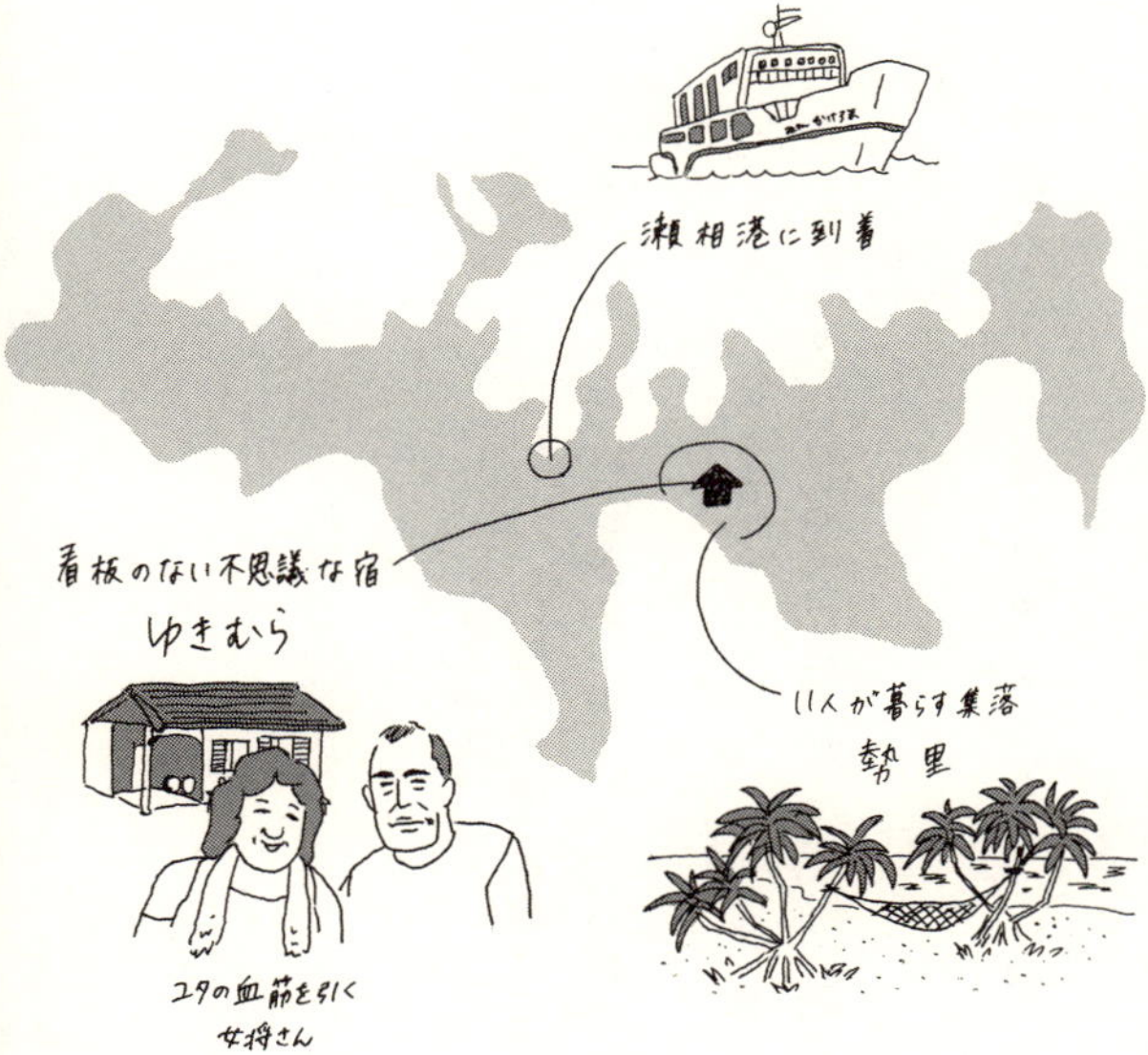

穏やかな波の音に、キュロロロと、赤いアカショウビンの美しい歌声が協和して、耳にやさしく届く。ゆらゆらと、お気に入りの大きなハンモックに体をすっぽり預けながら、ゆっくりと目を開いた。同じく、雲間から、太陽がギラリと瞳をのぞかせた。

「まぶしいなあ〜。あ〜あ」

体を起こして、うーんと腕を空にのばす。それから、傍に置いてあった麦わら帽子をかぶり、海のほうへと数歩、歩いた。

波の表面は、サラサラと揺れ、キラキラと輝く。あ、と思うと、20センチくらいの魚影を簡単に発見した。小さな魚の大群も、息を合わせて、沖のほうへと移動している。海の世界は、水槽のごとく、丸見えだ。それほど、透明なのだ。

「なのに、どうして海は青く見えるの？」

近くにやってきた、宿の看板猫、三毛猫のミーに声をかける。ミーも、この〝パラダイス〟と呼ばれる場所が、お気に入りだ。

遠く、水平線は、濃いブルーをしている。少し沖のほうは、ターコイズに、エメラルドグリーン。手前は、イエローに近い。美しい、グラデーション。

「これほど、綺麗な海は、見たことがないなあ」

宿に泊まる旅人から、何度も、この言葉を聞いたことがある。世界あちらこちらで、海に潜ったことのあるという旅人も、そう言っていた。異存はない。私も、そう、思う。加計呂《かけろ》麻《ま》島のこの海は、もしかしたら、世界で一番、美しいかもしれない。

加計呂麻島は、奄美諸島のひとつで、奄美大島の南部に位置する古仁屋《こにや》という港町から、「フェリーかけろま」か海上タクシーに乗って、約20分で着く。

奄美大島でさえ、世界屈指の美しい、青い海が広がるけれど、加計呂麻島の海は、そのちょっと上をいく。美的感覚というのは、人それぞれ違うものだし、そのときの天気で海は装いを変えるから、あくまで私は、ということだ。

だから誤解を恐れずにもっと言うと、加計呂麻島の海の美しさには、神々しさが漂っている。沖縄や奄美地方で、昔から言い伝えられている、理想郷・他界を意味する〝ニライカナイ〟は、ここなんじゃないかと、本気で思ったことが何度もある。

奄美大島と加計呂麻島は、目と鼻の先の距離でしか、離れていないというのに。別世界への境界線が、その間に存在している気がする。

一度、加計呂麻島の海をシュノーケリングしていたら、怖いほどに美しい青色の世界に、吸い込まれるように、バシャバシャと進み、気付けばだいぶ沖まで泳いでしまったことがある。

前に行った、パタゴニアの氷河の青さとも、真夏の地中海ブルーとも違う、誘われるような、謎めいた青さである。

あのとき、一緒に泳いでいた人に、

「おーい！　そろそろ、戻ろう！」と、声をかけて貰わなければ、私はどこまで泳いでしまったのか……と、想像することがある。

あとで、一緒にいたその人も、水中から前方を泳ぐ私を見ていて、

「どんどん沖のほうへ泳いでいっちゃうから、海のなかに、消えてしまうんじゃないかって、怖かった」と言っていた。

感覚的に、この島は、神様の領域であるように思える。ちなみに、加計呂麻島の人たちは、ここを、「神の島だ」と言う。

加計呂麻島に来るようになって、もう8年目になる。今でも、ここは神様の島だなって思う。でもそれは、吸い込まれていきそうな、美しい海のせいばかりでなくて、この宿のせいというのもある。27歳で初めて加計呂麻島に来て、そのときから、毎回泊まっている宿だ。

人口11人の勢里《せり》という集落に、看板のない宿がある。知る人ぞ知るところで、つまり、ほ

ぼ人の紹介か、口コミ客が多いのだ。

「ゆきむら」という名前の宿だ。

ここでは、不思議なことがたくさん起こる。

昨日も、また――。

26歳のとき、私はアメーバブックスという会社で編集の仕事をしていた。そのとき、島関係の著書を多数出版されている斎藤潤さんを担当することになり、取材のため、上司の山川健一編集長と三人で、人生初となる奄美大島・加計呂麻島へ来た。

10月、奄美大島で誕生日を迎えた私は、記念すべき27歳の1日目に加計呂麻島へ渡ることになった。宿は、斎藤さんの紹介で、「ゆきむら」だった。

斎藤さん曰く、「紹介でしか泊まれないと

パラダイスで、私と三毛猫のミー

ころ」らしい。ガイドブックには、けっして載せないんだとか。

なんだか、秘密の宿って、ワクワクする。

奄美大島の古仁屋から船に乗って、対岸の加計呂麻島の瀬相《せそう》に向かう。ゆっくりと進む船に、旅情を覚えたのも、この時が初めてだった。

甲板で、潮風に当たりながら、斎藤さんが話しはじめた。愉快な、楽しい話をするときの、ニコニコとする斎藤さんの顔は、誰も彼も、安心させてしまう。

「この宿はね、のぞこ（と、私は斎藤さんに呼ばれている）の好きそうなところだよ。不思議なことが、たくさん起こるから」

「え！　ということは……」

その頃、世間ではスピリチュアル本が飛ぶように売れている時期だった。編集部でも、その手の本を何冊も出版していた。

「なるほど、そういう感じの宿なんですね？」

「たしか、宿泊者の8割は、霊能力があるとか、修験者だとか、そういう人が集まるんだって。もちろん、偶然にね。そもそも……」

「え、まじで！　やべえじゃん！」と話に割って入る、山川編集長。彼もそういう話が好きなのだ。

「ちょっと、編集長、斎藤さんの話！」と、キッと睨む。

「おお、わりい、わりい」

それで？　と斎藤さんに目で催促をすると、こんな話をしてくれた。

奄美地方は、沖縄地方同様に、ユタと呼ばれるシャーマンがいる。土着の民間霊能者といえば易いが、長い歴史のなかで、地域の人たちの拝みの対象とされてきた。

何か問題を抱えると、ユタに会いにいき、神様のご信託をいただく。たとえば、「家の間取りを変えなさい」とか「もっと水を頻繁に飲みなさい」とかの助言をもらい、そのとおりにすると、不思議と問題が解消されるという。

「本当なの〜？」と疑いたくもなる。

だけど、実際にこの地を歩き、取材をすればこそ、地元の人たちにとって、〝ユタ〟という存在は、インチキでもオカルトでもなく、やはり、神様の言葉を媒介する〝シャーマン〟として、崇拝されているという感じだった。

「ただし、なんちゃってユタも多い。それで、騙されて、多額の心付けを払わされて。問題も多いんですよ。だから、ユタが本物であるかどうかが大事。まあ、地元にいればわかるけど」

奄美大島でもっとも有名な、今は亡き阿世知ユタ神様を取材するにあたり、そう聞いた。

ユタになる人は、その血筋を引く人が多いと聞くけれど、実際のところは不明。あるとき、〝神だあり〟という全身苦痛とも言える症状が起きて、それを機に、ユタとなるべく修行をすることになるのだという。その修行は、とても過酷なものだと聞いた。

「でね、早い話が、〝ゆきむら〟の女将さんも、家系的にね、ユタの血筋を引いてるんだよ。彼女はユタにならなかったんだけど、僕はどうも、彼女の第六感的な直感は、人並みではない気がしてね。まあ、会ってみたらわかるから」

やがて船は瀬相港に着岸した。静かな島だ。

船を降りると、一人の女性がゆっくりと、まっすぐに、私たちに向かって歩いてきた。

「いらっしゃい」

ギロリ、という感じで、でもニヤリ、と笑って、目の前に現れたのが、ゆきむらの女将さんだった。

「あんた、だね」と、彼女は私に言った。

斎藤さんと、編集長が、私を見る。いったい、なにが、「あんた、だね」なのか。船のなかで、斎藤さんに聞いた話のせいで、妙にドギマギとしてしまう。男二人は、私に幽霊でもついているのではと思ったのか、あきらかに一歩後ずさった。

ひとまず宿へ向かおうと、車に乗り込む。

すぐに小さなトンネルをくぐり、瀬相港と反対側の集落へと抜け、10分ほど走ったところで、勢里に着いた。

海沿いの道沿いに、数軒の家が並んでいるだけ。これが集落なのか。わずか11人が暮らしているだけだという。東京育ちのもやしっ子の私には、学校のクラスメイトよりもずいぶん少ないのに、それを集落と呼べるだなんて、なかなか想像できない。

車は、平屋建ての民家の庭に入って、止まった。宿らしい看板は、一切見当たらない。

「はい、ここだよ」

女将さんに促され、家の中へと入った。

平屋の家は、玄関から入るとすぐ、大きなリビングがあって、そこで皆が食事を取る。囲炉裏もあり、真冬はここで、猪肉の焼き肉

開放的なリビングにはいつも猫たちがいる

や鍋をしたりするらしい。

リビングは中庭につながり、外からの光が室内にめいっぱい入ってくる。

客室は、リビングにつづく畳の部屋が、3部屋横並びになっていて、襖で仕切られている。私は一番右、山川編集長は真ん中、斎藤さんは左の部屋で、それぞれ寝ることにした。

襖一枚隔てて、知らない旅行者が寝泊まりすることもあるのは、慣れないと少し緊張するかもしれないけれど、ゆきむらは、友人の家に泊めてもらうような感覚がするから、すぐに慣れてしまう、と思う。

天井は吹き抜けで、太い木の梁が縦横に走り、立体的で、光に満ちた、あたたかな空間を生み出している。

目を引いたのは、壁にぎっしりと、所狭しと置かれた、未開封の100本以上はあると見られる焼酎のボトル。これは、ゆきむらの旦那さんのコレクションで、幻の貴重な焼酎も、いくつもあるのだそう。

それに負けじと飾られているのは妖艶な色気を醸す、女将さんが描いた絵画だ。熱帯植物のアダンや加計呂麻島から見た夕陽、ルリカケスという鳥の絵など、奄美で生涯を終えた画家、田中一村を思わせる深く味わいのあるもので、素人目にも、躍動的で美しいなあと見入ってしまった。

リビング奥のカウンターキッチンに、女将さんが立って、旦那さんに目配せをした。

「荷物置いたら、ビールでも飲みなさい」と言って、旦那さん、編集長、私の順に、ぽんぽん渡してくれる。

旦那さんが、冷蔵庫から取り出したビールを、斎藤さん、編集長、私の順に、ぽんぽん渡してくれる。

プシュッと蓋を押しあけ、「では」と斎藤さんが声をかけて、ぐいっと、喉をならした。汗が引いていく。10月でも、加計呂麻島は真夏の気温だ。外では蟬が、けたたましく喚いている。

「で、二人には、ちょっと話したんですけどね。この宿は、〝いろいろな人〟が集まってくるって」

と、斎藤さんが女将さんに声をかける。

キッチンで、晩ご飯の準備をしている女将さんが、またしても、こちらを向いて、ギロリ、ニヤリ、と笑った。キッチンは、対面式カウンターになっているので、女将さんは料理をしながら、宿泊者と話ができるようになっている。

この宿は、一人旅で来ようが、いつでも誰かと顔を合わせる。だから、実家に帰省したような安堵感が広がり、また、このときだけは、一人旅の孤独が去ってくれる気がした。もし、一人で、誰とも話したくない、会いたくないという人には、あまり向かない宿かもしれない。

「そうだよ。ここはね、びっくりするくらい、お客さんのほとんどが、不思議な人たち」

そういう、女将さんも、不思議だけどなあ。

もちろん、口には出さない。

でも、私の胸中は、豪快な編集長が代弁して、声となった。

「だって、女将さんもそういう力みたいなの、あるわけでしょう？　お客さんて、紹介で来るって言うんだから、みんなして、不思議な人にだけ口コミしているとかないの？」

そう言うと、女将さんは、

「いや、いや、いや。紹介だけじゃないよ。電話でだって、新規の予約は入るよ」と言う。

「え、そうなの？」と斎藤さんと編集長。

「だから、そういう人はね、なんていうのかなあ、電話越しの声で、判断するわけよ。あ、この人はうちのお客じゃない、あ、この人はそろそろうちに来させなきゃね、って」

「……」と私たち。

つまり、お客さんの声を聞いたら、何かがわかるらしい。

「じゃあ、私たちも、電話で予約してたら、断られてたかもですよ！」と、私がまっすぐ編集長に向かって言うと、

「俺なんか、邪心まるみえでさ、ぜったい断られてたぜ！」と、両目を見開いた。それには、

斎藤さんも私も、首を上下に動かす。

「あっはっは。大丈夫だよ。それよりさ、希ちゃん、あんた、自分で気付いてないかもしれないけど、霊感あるんだから、気をつけなさいよ」

「私にですか？　いや、まさか！」

「いやいや。ここに、霊感のある人が来る日はね、頭痛がするからわかるの。今日も朝から頭痛がしててね」と言った。

先ほど、瀬相港で、「あんた、だね」と言ったのは、そういうことらしい。

もちろん、このときの私は、自分に霊感があるだなんてまったく思っていなかった。編集部で、スピリチュアル本をいくつか出版していたときだから、俗にいうところの、幽霊が見えたりするような霊能者とか、人の過去や未来がわかるとかいう鑑定士とか、第六感の優れたような人たちには、出会ってきた。

彼らが本物かどうかなんていうのは、確かめようがない。まして、私にもそのような力があるなんて、信じられなかった。

だけど、この帰りの奄美大島で、私は、幽霊、言わずもがな、死んでこの世にいない人、というものを生まれて初めて目撃する。

奄美大島でもっとも霊験あらたかな場所のひとつに、湯湾岳《ゆわんだけ》という山がある。そこを三人、車で登り、頂上を歩いていたときに、壮年の男女二人に出会った。ふたたび車に乗って、下山しはじめたとき、何もない道で、急にその二人が現れて、「私たちの車はどこでしょう？」と聞いてきた。「さあ、どこにも車はありませんでしたよ」と三人で答えた。振り返ると、その人たちの姿がなかった。

霊と会話ができるはずないから、私たちはそのとき、ただ「不思議だねえ」なんて話していたのだけど、後日、奄美大島の霊感がある人に「その人たちは生きていませんよ」と言われた。どうやら、幽霊だったらしい。

加計呂麻島に来て、ゆきむらに泊まり、女将さんに出会って、私は何かが変わった。いや、というよりは、扉が開いたという感じだ。

民家としか思えない看板のない〝ゆきむら〟

それから2年後、29歳になってすぐ、会社を辞めて旅に出ようとしていたときだ。ある日、編集部に電話がかかってきた。

「はい、アメーバブックスでございます。あ、女将さん！　小林です〜」

たまたま、ゆきむらの女将さんの電話に出た。

「久しぶり。希ちゃんさ、し・お、持っていきな」

……え？

「し・お」

頭の中で、それが〝塩〟だってわかるには、数秒かかった。

「あ、お塩ですか。はあ」

曖昧模糊《あいまいもこ》とする電話の内容。どう、ほじくっていくか、と考えていたら、

「海外、いよいよ行くんでしょう？　持っていきなさい。加計呂麻島のユタ神様が清めたお塩。必ず、役に立つから」

そういうことらしい。

「あ、あの、えっと……」

言葉が続かない。だって、海外に行くことは女将さんには伝えていなかったのだ。

「お守り、持って行きなさい」

ということらしい。

それから、間もなく、会社に塩が届いた。ごつごつした、真っ白な、粗塩。ちょっと舐めたけど、「しょっぱ！」という、ごくごく普通の塩の味。

だけど、これが、今は亡き加計呂麻島の、最強のユタ神様と親しまれた方の清めたものだという。

間もなく、私は最強のお守りを握りしめて、旅に出た。

世界放浪の間、幾度か、「この場所ヤダな」とか「なんか、今日は気分がよくない」というときに、お守りのつもりでお塩を舐めた。どこへ行こうが変わらぬしょっぱさが、心強く、有り難かった。

あれから、もう8年が経つ。


「ニャーン」

三毛猫のミーが「帰ろう」と言ってくる。朝、パラダイスでのんびり過ごしていると、あっという間にお昼になる。このミーという猫も、ちょっと不思議な猫なのだ。

簡単にいうと、〝お客さんの気持ちがわかる〟猫というか。まあ、猫を飼っている人ならば、「我が家の猫だって、家族の気持ちがわかるわよ」と言うかもしれない。

でも、ミーの場合は、初めて来たお客さんに対しても、何かを感じとるみたいなのだ。

数日前、身内を亡くしたばかりの人がやってきた。

その、身内を亡くしたばかりの男性が来たとき、まっさきに彼の心がわかったのは、たぶん、ミーだったと思う。

ミーの性格は、とても猫らしい。ツンデレで、けっして人に媚びない。自分が興味のあるときにしか、人に近づいてこないし、甘えない。基本的にはクールなお姉さんという感じの性格をしている。

そんなミーが、数日間、彼の傍を離れなかった。彼が寝ているときも部屋へ行ったし、日中もずっと寄り添っていた。彼が海で泳ぎはじめても、その姿を見守るように、いつまでも眺めていた。

また、そのすべてを見守っていたのは、女将さんだった。

昨日、いよいよ、彼が帰る日の朝。

同宿の人たちと、リビングで朝ご飯を食べていた。宿では、朝と夜のご飯は、宿泊者みんなと一緒に食べる。できるだけ、みんながそろったら、「いただきます！」と手を合わせて、お箸をとる。それが、基本的なルールだ。

島の食材をふんだんに使った、女将さんの手料理は、この宿に来る楽しみのひとつだ。島のなかで、他の集落を散策しているときに、「あんた、どこに泊まってるの?」と島の人に言われて、「ゆきむらです」と答えると、「ああ、あそこは、ご飯が美味しいっていうもんねえ」と言われたことが、何度かある。

「この貝なんですか?」「テラダ。こっちの言葉で、トビンニャ。飛ぶ貝って意味よ」

「お魚、美味しい!」「そこのパラダイスで釣った、オジサンって魚」

「このみかんは?」「キカイみかん。裏のおじさんにもらったの。甘くて美味しいよ」

こうやって、島の食材をとおして、島の言葉に触れ、島をちょっとずつ知っていく。

朝食を終えた宿泊者は、銘々、その日がはじまる。宿の目前の、海がのぞめるパラダイスで、釣りをはじめる者もいれば、ハンモックで読書をして、また一眠りする者もいる。

その男性は、まだリビングにいて、珈琲を飲みながら、私と女将さんと、これまでの旅路や人生の一場面を、ポロポロとこぼしながら、だらだらと話をしていた。

優しさのなかに、厳しさや芯の強さをうかがわせる女将さんの顔が、ふっと、ほんの一瞬だけ、変わった。なんと言っていいのかわからないけど、勝手な思い込みで言うならば、それが、「ユタの目」というのか。もちろん、女将さんはユタではないから、わからない。だけど、彼女の口から、何が放たれるのか、少しだけ、怖くなった。

「ねえ」

女将さんは、まっすぐに男性を見つめて言った。

「なんでしょう」

男性も、きっとわかっている。これから、何を言われるのか。

「あなたがうちに来た日、亡くなったお嬢さんが一緒に来たのよ」

ドクン、大きな鼓動が、胸のなかで振動をはじめた。いったい、これはなんなんだ、と思いながら。

男性は、穏やかに、その話に耳を傾けた。

「人はね、亡くなったら、何かになって、現れるのよ。私も、そうだった」

女将さんのお父さんが亡くなったのは、もう、何年も前になる。生まれ育ちは勢里ではなく、ほかの集落で、小さな漁村だった。お父さんは舟に乗せられ、港を出て、奄美大島で火葬される。

「そのとき、イソヒヨドリがね、どこからか、パタパタやってきて、舟の先端に止まったの。舟はね、港をくるくる三度まわってから、大島のほうへ向かうんだけど」

舟が三度まわる間に、亡き人と、港で送り出す者たちは、それぞれに別れの時間を過ごす。

私は、お腹だけオレンジ色の青い鳥が、舟の先端に止まったまま、陸にいる人たちをじっと眺める姿を想像する。

「舟が大島へと向かいはじめたら、イソヒヨドリも、パタパタどこかへ行ってしまった。それから数年後に、私は病気になってね、入院したの。もう、死ぬかもしれない大病よ」

これは、私も知っている。宿が数年間、稼働してなかった時期がある。女将さんは、やだねえ、と他人事のように、力なく笑う。

「入院していて、ある日、肺炎になったの。40度の熱がでて、意識が朦朧《もうろう》としていた。このまま、もうダメかもしれないって思ってた。でもね、声が聞こえてきたの。看護師さんの声。『あら珍しい、海の鳥が、こんなところにいるわ』って」

入院していたのは、鹿児島市内の大きな病院だから、街中だ。朝、熱はすっかり下がっていたという。

「すっかり、気分が良くなって、窓辺を見たのよ。そうしたら、お父さんがいたの、イソヒヨドリ。あんな街中に、いるはずのない鳥。体調が良くなったから、安心したんじゃない。パタパタ飛んでいったよ」

女将さんにとって、イソヒヨドリは、お父さんだ。勇気を与えに、あるいは心配で、やってきたのかもしれない。

こういう、不思議な、嘘のような話が、するすると聞けて、疑いようもなく「そうだ、そうに違いない」と思える何かが、この島にはある。

男性は、ゆっくりと目を閉じた。私と同じように、海の鳥が、都会の空を飛んでいる光景を想像しているのだろうか。

「会いにきてほしいなあ」

やがて、ぽつりとそう言った。

きっと女将さんは、宿にいる間の三毛猫ミーを見ていたら、なんとなく、そんな話がしたくなったのではないかと思う。

多くの旅人が、心のなかに、過去から背負っている荷物や、秘密を抱えている。

彼らが、今いる場所を離れて、遠くへ、遠くへと旅に出るのは、その旅路でちょっとずつ、心の荷物を減らしたいと考えるからではないか。

だからといって、どこにでも、心のカケラを置いていけるものではない。それは、切っ

中庭のテーブルで、女将さんにブラッシングしてもらう黒猫ロール

ても切り離せない、大切な人生の、自分の一部だからだ。

それが、ゆきむらでは、できる。安心して、置いていける。

何度となくここにきて、初めて出会う旅人が、「実はね」という話をしてくれるのに出会った。なかには、涙を流す人もいたし、怒っている人もいた。

「もう何十年も前に、新婚旅行で来たのが、加計呂麻島だったんです。亡き夫を思って、いつもここに来てますよ」

「子供たちが、言うこと聞かなくて。心が疲れちゃった。つらくて」

「好きだった人がね、ここの常連でした……」

だけど、帰るときには、なぜか顔がスッキリとしていた。「さようなら」ではなくて、「また来ます」と言って、旅立っていく人が多い。


そういえば、笑い話ともいえる、不思議なことがあった。

あるとき、男女数人の友人と、この宿に泊まったことがある。もちろん、私が連れてきた。誰も、何か不思議で面白いことが起こるだろうだなんて、期待はしてはいない。そういう話は、していなかったから。

だけど、しーんと寝静まった真夜中に、それは起きた。

「うお――――！　この野郎！　コロスぞ！！！」

ガバッと布団から飛び起きた。な、なにごとか！

襖一枚隔てた隣の部屋から、友人の男性（普段は穏やか）がチンピラと化したように、ドスのききすぎた怒鳴り声をまき散らしている。

現場では、ど、どんな恐ろしいことが繰り広げられているのか。たしか、同室にはもう一人男性がいたはず。

ドスン！　ドスン！

「おらあ！　ふざけんじゃねーぞ！！！」

これは、まずい。

冷静になろうとつとめるが、それとは裏腹に、鼓動がドクンドクンと音を立てて、それもうるさい。

ドスン！　ガンッ！　ガンガンッ！

畳を転げまわるような音にくわえ、何か金物を振り回しているような音も聞こえはじめた。

同室の男性の身が危ない。

よし、襖を開けよう！　とするのは怖いから、一旦部屋に隣接しているリビングに出てみた。

そこにいたのは、チンピラ男と同室で寝ていた男性。縮こまって、囲炉裏の傍で寝ていた。

「ご、ご無事ですか！」

声をかけるが、さんざん黒糖焼酎を呑んでいたのか、もごもごと、「うるさいんだよーう」と言いながらも、寝続けている。いやあ、お酒って、すごい。

私と反対の部屋で寝ていた女子たちも、さすがに起きてきた。

「いったい、何事？」

「彼、大丈夫かしら……」

私の余計な想像力は、脳裡におそろしいエクソシストをつくっていた。襖を開けたら、がばっと体をのけぞらせながら、白目を剝いて、襲いかかって来る……。そんな、恐ろしい映画があったはず。

逃げ場は？　女将さんを呼んだほうがいいだろうか。

「じゃあ、開けてみようか……」

勇敢な女友達の声で、我にかえる。

襖をバーン！　と開けてみた。

そこには、エクソシストが！　パンツ一枚で、寝ながら扇風機を片手で振り回していた、の図だった。

網戸は、扇風機にやられ、すでにご臨終。

パチリ、とエクソシストが目をさました。いや、たぶん、夢遊病的な感じで、意識は現実になさそうだ。

「起きて！！！！」と、叫ぶ。

二歩ほど後ずさって、様子を眺める。すると、彼は冷静に部屋の電気を消して、扇風機を元の場所に置き直し、ふたたび横になった。

し――――ん。

静寂が訪れた。時刻は、真夜中、もう3時すぎ。勇敢な女子たちは、ただのうるさい寝言だったということにして、またそれぞれ部屋に戻った。

まさに、夢か現《うつつ》かわからなくなりそうな出来事だった。さすがに4時近くになって、眠気が勝って意識が途絶えた。

カチャカチャ――。

リビングから食器の音がして、目がさめた。

昨日（というか朝方）の悪夢は、しっかり記憶していた。鮮明なほどに。

ふたたびガバッと起きて、リビングに飛び出した。エクソシスト、いや、チンピラ、いや、友達は⁉

彼は、ぴしっと半袖のシャツにチノパンを穿き、やんごとないふうに、穏やかにお茶をすすっていた。

うぉ、お、お――――い！

心はざわつくし、責めたくなるような気持ちもあるけれど、堪える。だって彼は無意識だから仕方がないし、なにより、清々しい朝をぶち壊したくない。

みんなも、きっとそう思っているから、何も言わない。

だけどほどなくして、彼のほうから、謝罪があった。

「昨日暴れたのかな。うるさかった？　ごめんなさい。全然記憶にないんだけど、起きたら網戸が破れているし、扇風機は転がっているし、俺がやっちゃったんだなあって思った」

女将さんが、ニヤリと笑いながら、「気にすんなよ」と言った。

彼は大きな肩を小さくすくめて、「網戸代、お支払いします」と律儀に言っている。

女将さんは、同じ平屋の奥の部屋が自室だから、当然昨日のことは一部始終を知っている。

でも、女将さんは真夜中に出てこなかった。きっと、まあ、こういうこともあるだろうよ、と思っていたのかもしれない。

「彼、どうしちゃったんですかねえ」と、後でこっそりと聞いてみた。

「ん？　ああ、よかったよね」と女将さんが言う。

え？　よ、か、っ、た？

「来たときから、それはそれは、顔に『ストレス溜まってます！』って書いてあったんだよ。あれ、出たと思うよ、きっと、いいことあるよ」

愉快そうに話すから、冗談だろうと思って、私も笑った。

それから、１ヶ月後に、彼は結婚した。

「お、おかしいですよ！　あんな、大暴れして、みーんな寝不足にさせといて、自分だけゴールイン！　しかも、ずっと『俺は、結婚なんて一生できない』とか言ってたのに！」

その後、また宿に来たときに、そんな話を女将さんにした。

「いらないものを、ここで落として帰っていったんだから、彼は。スッキリしたのよ。そしたら結婚もいいなって、思えたんじゃないの？」

またしても、女将さんは、愉快そうだった。

結婚するつもりがあったのに、実はずっと私たちに隠していたとかなら、腑に落ちる。でも、彼の場合は、ほんとうに、急だった。

ちなみに、めでたく結婚した彼は、

「俺、気になって、母親に聞いたんだよね。昔にも、寝ながら大暴れしたことあるかって。

でも、一度もないって言ってた。やっぱり、ゆきむらは、すごいね。本当に、不思議だよ」と、冷静に語っていた。

それから、この話を別の友人に話すと、みな口を揃えて、「私もストレスリリースする！」とか「俺も行って結婚する！」とか言う。だから、そういう友人は、だ〜れも、連れていかない。もう、真夜中のエクソシストは、こりごりだ。

なぞだ、なぞだ、と吠えている私に、女将さんが言った。

「希ちゃん、あなたは自由がいいから。その分、仕事も結婚も、遠回りすると思う。だけど、いい線に来ているから。自信を持って。それでいつか、あなたが好きになった人をちゃんと連れてきなさい」

パラダイスのハンモックに揺られる女友達

ここで、いろいろな旅人と、交差点ですれ違うように出会って、多生の縁だけど、多大な刺激をもらってきた。たくさん笑って、たくさん泣いた。私も、初めて出会った同宿の旅人も。この宿には、ただ不思議だという表現では収まらない、ドラマがある。

ここにいつか、心に決めた人を連れていきたい。そうなる前に、私がエクソシストにならないようにしたいところだけど。

今日の空は、雲が、ぽこん、ぽこんと浮いている。小島みたいだ。三毛猫のミーが、黒猫のロールと一緒に縁側でおやつをもらいはじめた。

ボロボロに傷付いていた捨て猫のロールが、ゆきむらに保護されてから、2、3年になる。ぽよんぽよんのお腹も気にせず、しあわせそうに、目をウルウルさせながら、舌をぺろぺろ動かす。すっかり、健康的な猫になった。いや、ちょっと太りすぎだぞ。

玄関のほうには、一番若い三毛猫のチビもいるが、極度の怖がりで、女将さんと旦那さんの前にしか、ほとんど現れない。私と目があうと、とととと、遠くへ行ってしまった。

また、アカショウビンが、キュロロロロとさえずった。

ふふふ。

優しい気持ちが風のように、心にそよぐ。

この宿は、誰にも会いたくない、誰とも話したくないと願う旅行者には不向きだと言ったが、やはり、そんなことはない。

そう思うならばこそ、来てみたらいいと思う。気張らずとも、無理せずとも、自然と心のカケラを置いていけるかもしれない。誰かの残した、心のカケラの隣に、そっと。

朝、数人の旅人が去っていった。去り際、「ありがとうございました。また来ます！」と女将さんと旦那さんに言い、「また、ゆきむらで、会いましょうね」と残された旅人に言った。

入れ替わりに、今日はどんな旅人がやってくるだろうか。そして明日、私は、どんな旅人に見送られるのだろうか。

さあてと、今日は隣の集落まで行って、黒

パラダイスで美しい海を眺めるのが、最高にしあわせな時間

糖でも買おうかな。諸鈍《しょどん》という集落のデイゴ並木を眺めにドライブもいいな。その前に、一度パラダイスで海を眺めながら、ハンモックに揺られよう。

第二章〈祭〉讃岐広島——数百年続く百々手神事で、最強の厄払い

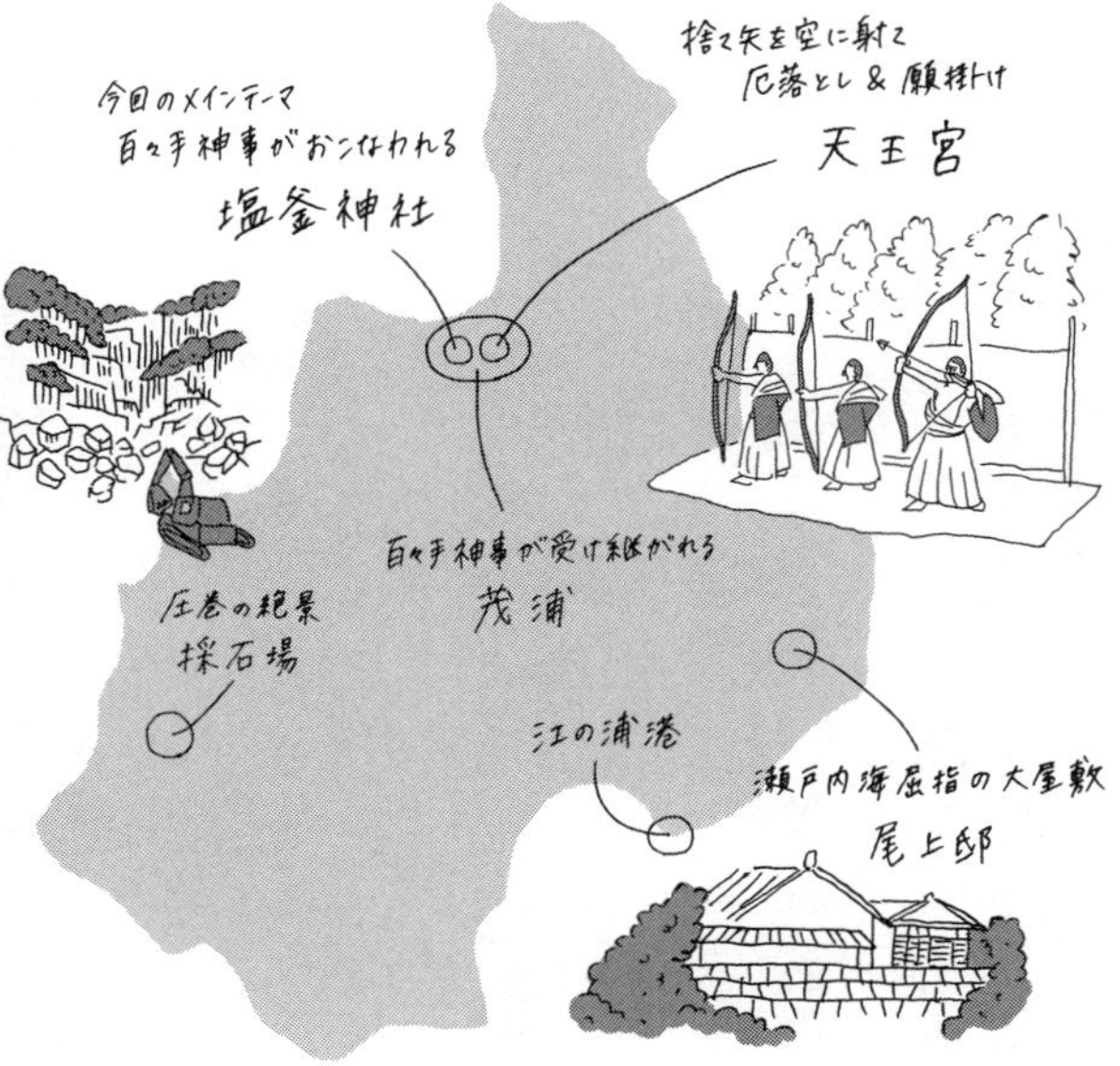

「この、『百々手神事《ももて》』はのう、最強の厄払いになるで」

この言葉を聞くのも、4度目だ。2014年に初めて讃岐広島《さぬきひろしま》を訪れて以来、毎年旧正月に執り行なわれる百々手神事を欠かさず見学している。

讃岐広島で脈々と続く、伝統行事である。初めて見学したとき、サムライのような姿になって、神聖な儀式を進める島の男たちを見て、自分が今、どの時代のどこにいるのか、一瞬わからなくなった。

その後、私はいくつもの島に行くようになったけど、島にいると、方向や時間の感覚がなくなっていき、自分を取り巻く色々なしがらみから解放される。島って、本当に奥深い。

それぞれの島には、独自の文化や風習がある。もちろん、今いる場所を出れば、同じ日本にいても、こんなにも言葉や食、建築様式など、目に見える大きなことから、些細なものまで、地域によってずいぶん違うのだとびっくりする。

とくに日本の島々は、一つひとつが単体の国家のように孤立しているから、独自性はことさらだと思う。さらにいうと、その小さな島のなかでさえ、集落によっても異なりを見せる。

さまざまな土地を風のように移ろう旅人は、そういう土地に根付く事柄の違いを、より感じやすいかもしれない。私は、そんな一人だと思う。

瀬戸内海を旅するようになって、もう5年目になる。のべ１００回以上は島に行ったし、40島は巡った。それが多いとは思わないけれど、それなりに瀬戸内海という地域とは、近しくなれた気がする。

な～んて思っていると、実はそうでもなかったと思い知らされる。瀬戸内海は奥が深くて、行けば行くほど、まだまだ知らないことだらけだと、悲しいかな、距離を感じてしまうことがある。なにせ、島の数が多いから仕方がない。

瀬戸内海だけで、１府10県におよび、日本離島センターの日本の島ガイド『シマダス』によれば、周囲０・１キロ以上の島は全部で７２７島ある。そのうち有人島は１６０島だとか。同時に、それだから、宝探しに出かける冒険みたいで、毎度ワクワクする。

そんな瀬戸内海の島々の中で、私がもっとも多く訪れている島が、讃岐広島だ。香川県丸亀市の沖合13キロほどにあって、フェリー乗り場から備《び》讃《さん》フェリーに乗って、約20分で讃岐広島の玄関口、江の浦に到着する。

ここは、塩飽諸島のなかで、もっとも面積が大きい島で、正式には「広島」という。ただ、通常「広島」というと、広島県のほうを思い浮かべてしまうから、地元の人たちは、親しみも込めて、「讃岐広島」と呼んでいる。

塩飽諸島は、戦国時代から塩飽水軍が活躍し、江戸時代になると、幕府に仕えることで直接自治することを認められた、〝人名《にんみょう》〟という御用船方の本拠地だった。だから水夫も多くいて、かの有名な咸臨丸の船乗りも、その7割にあたる35人が、この島々から出ている。讃岐広島からは、11人の水夫が乗っているそうだ。

とにかく、歴史的には、日本の躍動ある交易の中心地であった。ところが現在、讃岐広島の人口は200人弱。海沿いに集落が7つあるが、どの集落も20人~30人程度と少ない。子供はおらず、学校も廃校となってしまっている。たしかに、観光的な側面でいうと、「あんまり、見るところがないなあ」という地味な島なのだ。

圧巻の岩肌が立ちはだかる青木の丁場。入場には必ず許可を取る

それが、ひょんなことから来島したのをきっかけに、あれよあれよと知り合いが増えていき、気付けば片足どっぷりと、讃岐広島に浸かっていた。そうして胸を張って言えることは、ここは、「魅力的な宝の島」だということ。

おすすめしたい所やイベントがたくさんある。

たとえば。

古くから、石の島として名を馳せ、最盛期には60も70もあったと聞く採石場は、現在5、6丁場しか残っていないけれど、許可をもらって案内をしてもらうと、圧巻の絶景に出会える。

石職人が何世代も、せっせと削っていった岩肌。そこには、何億年の歳月が生み出した、幾層にも織りなされる地球の内側が立ちはだかる。見方を変えれば、危険がともない、時には命を落としたという石職人と地球の、古き良きライバルのような関係性を偲ばせる。

採石された青みがかった花崗岩は、豊臣秀吉が築城した大坂城をはじめ、全国あちこちに使われている。

それから、立石という集落に、尾上邸という瀬戸内海屈指の威風堂々たる屋敷がある。江戸時代に廻船問屋として栄えた尾上家のもので、高さ4・5メートルに及ぶ石垣の上に、どどんと鎮座する屋敷は、まるで城塞のよう。今、住人はおらず、子孫が大阪にいるという。

一度、尾上家の方が島に帰省していたとき、なかを見せてもらったことがある。

至る所が経年劣化はしているものの、今では滅多に見ることができない、いかに豪壮な屋敷であったか、容易にうかがえた。

この島では、年間行事もさまざまある。周囲18・6キロの島を半周する〝いろは石ウォーク〟では、ノスタルジックな気分を誘う淡い緑色の海を眺めつつ、集落から集落へと参加者が汗をかきながら、ダラダラと歩く。

潮風にそよぐ竹林や、鈴なりに実る八朔や夏みかん、時折道端で出くわすネコたち、ガサガサッと林から飛び出す雉《きじ》、海辺で釣り糸をたらす、朗らかな釣り人たち。どれもが、島らしい。

来島する回数を重ねるほど、味わい深い魅

百々手神事で矢を放つサムライのような射手たち

力があり、心を柔らかくしてくれる空気が、この島にはある。

そして、もっともおすすめしたいのが、私が毎年欠かさずに参加している行事、旧暦の正月に行なわれる百々手神事だ。

茂浦《もうら》という集落で、古くから脈々と続く神聖な儀式だ。かつては、他の集落やさまざまな地域でも、行なわれていたそうだ。それが、時代とともに、過疎化、高齢化して、神事は簡素化され、やがて執り行なわれなくなったところばかり。

今でも、高知県では「御弓祭」、徳島県では「御的祭」と、名は違うけれど、続いているところもある。

そう、名前のとおり、この神事は射手が矢を放ち、その地区の発展や家内安全、無病息災、悪魔退散の厄払いをする儀式だ。

おそらく、島外の人には、ほとんど知られていない行事だと思う。あえて外に宣伝することもなく、厳かに、ひっそりと行なわれているものだからだ。

私にとって、百々手神事こそ、この島が「宝の島」だと思える理由のひとつ。その日、時間旅行の扉が開かれる。

「今日も冷たいのう」

百々手神事の朝は、いつも寒い。旧正月の神事だから、1月（2月にずれるときもある）と決まっている。風がふくと、古民家はガタガタと震え、室内でもかなり冷える。島の人たちは、「寒い」と言わずに「冷たい」と言う。茂浦は、島の北側にあるから、北風ぴゅうぴゅうと、非常に冷たい。

朝8時、茂浦の木造平屋の公民館では、裃《かみしも》を着たサムライさながらの男性たちが集まる。この日ばかりは、島を出た若い人々も帰省して、茂浦出身の人たちで、賑やかになる。裃を着た男性は、今年（2018年）、上は81歳のおじいちゃんから、下は30代の若手たちで11人。この人たちが、最初に弓を引く組の〝一番射手〟衆6人、次に弓を引く組の〝二番射手〟衆5人に分かれる。

サムライのにいちゃんが、私を見つけると、ガニ股歩きでやってきた。

「おお、小林さん、今年も来たんかあ」

普段、島外で暮らしている若手たちとも、こういう機会に顔なじみが増えていって、軽い世間話なんかもするようになった。

「まあ、しっかり厄を落として帰るんやでぇ。モモテ（とみんなは言う）の厄払いはなあ……」

「知ってる、最強なんでしょ？」

と言うと、サムライは、がはははと豪快に笑った。

普段着だと、「チンピラのにいちゃんか！（笑）」とツッコミを入れたくなる彼だって、この日の裃姿には、「あらまあ、素敵ねえ」なんて言いたくなる。よく、学ランやスーツ姿の男性に、女性がキュンッとしてしまうのと、同じ。裃というのは、色っぽい。

「うちの裃はもう、１００年ものやけん」

茂浦の漁師、木下家のおばあちゃんが、そう言っていた。裃には肩衣の左右の胸と背中、袴の腰板と４ヶ所家紋が入っている。腰には印籠をつけて。

まるで時代劇の衣装そのもの。いや、こっちが、本物だ。レンタルでもなく、その家で代々受け継がれている、世界でたったひとつの和装だ。

８時を過ぎたところで、30畳の広間で〝朝ご飯〟が始まる。上座には、隣の島、本島《ほんじま》の正覚院から来た住職の僧侶が席についている。上座から見て、左側には一番射手６人が、右側には二番射手５人が並んで座る。

住職の隣の席に座っていた、自治会長の平井明さんが、座布団からよっこいしょと立ち上がって、神事の挨拶をはじめる。

「茂浦もだんだん人が減っているけれど、この日はこうして皆が集まって、大事な神事を今年も行なうことができて嬉しい」

要約すると、こんな感じ。

やがて一番射手のサムライたちから、一人一人にお神酒《みき》が振る舞われる。神聖ながらも、酔い酔い、楽しい神事のスタートだ。

下座に席をもらった私にも、お神酒が回ってきた。

「大きい器で呑んだらいいけん」

お神酒を振る舞う係の、顔なじみのおじちゃんが言ってくれる。お神酒は大・中・小の器があるのだ。

「あ、では」と、有り難く、大器を取る。

ごくん。かーっ、朝の胃袋には熱い！　眠っていたカラダがバチッと目覚めた。

それから、朝ご飯をいただく。

大根と人参、すり潰した煮干のいりこを混ぜたなます、メザシ二匹、沢庵。しばらくすると、あつあつの味噌汁、炊きたての白飯を、茂浦の女性がお盆に載せて運んできた。

これが、百々手神事の毎年変わらない朝食メニューなのだ。

昨日、公民館では、茂浦のみんなが神事の準備をしていた。おばあちゃんやお母さん、帰省したお嫁さん、女性たちも一緒にする。この朝ご飯の支度も、女性たちの仕事だ。昨日から島に来ていた私も、なますに入れるいりこの下処理の手伝いをした。

一匹ずつ、小さな煮干のいりこの頭と内臓を取る。根気のいる作業だった。時々、首をぐるりと回して、休憩する。

「面倒なんだけど、ここを取らないと、苦いでしょう？」

自治会長の奥さん、私にとっては〝島のお母さん〟がそう言うから、「は〜い」と続ける。

きっとこういうふうに、神事にとって、些細だと思われる手間の一つひとつが、親から娘へ、嫁へと、伝承されてきている。私はそのどちらの立場でもないけれど、何十年後かに、「これはね〜、こうするのよ〜」って、この島で、誰かに伝えているんじゃないかって想像したら、幸福な気持ちになった。

百々手神事を執り行なうには、裏方でしっ

朝食から神事はスタート。まず一番射手衆からお神酒をいただく

かりとサポートする女性陣がいてこそ。表舞台の裏で、彼女たちは忙しく動き回っている。

だけど、実はもともと、この神事は女人禁制だったらしい。神事の見学はできたものの、準備や神事そのものに、女性が直接かかわってはいけなかった。食事の御膳上げ下げも、男性が仕切っていたとか。

9時15分頃、そろそろ朝ご飯が終わる雰囲気になると、一番射手衆の射手頭〝早矢〟であるサムライのおじちゃんが、「どなたも矢は揃いましたか」と言う。その言葉に、他のサムライたちは、声を合わせて、「なかなか！」と応える。

「どなたも矢は揃いましたか」というのは、「アーユーレディ？」といった感じで、「なかなか」というのは、「オッケー！」というこ

茂浦の公民館から塩釜神社までサムライ一行が練り歩く

とらしい。

いつも、この「なかなか！」を合図に、朝ご飯、つまり祝宴が終わる。ところが、今回、「まだまだ！」と叫ぶサムライがいた。

それには、みんなが大笑い。その〃まだまだサムライ〃は、「だって、まだ、ご飯食べ終わってなくて！」ということらしい。

やがて、みんな立ち上がり、ぞろぞろと公民館を出て、裏側へとまわった。裃同様、家で代々受け継がれている、弓と矢を手にする。男性が持っても、カラダの1・5倍くらいはある弓は、間近で見ると、圧倒される。

「昔はのう、これで戦ってたんじゃ」

と誰かが言って、鉄砲伝来より遥か昔の時代に思いを馳せてみる。

一番射手の最後に矢を放つ〃乙矢〃であるサムライにいちゃんが、〈奉射百々手達者悪鬼退散萬々歳〉と書かれた旗を持ち、一番射手の早矢と二番射手の早矢のサムライおじちゃんたちが〃大的〃を担ぐ。

その後を、弓と矢を持ったサムライ、僧侶、見物人たちが一列で歩いていく。

向かうところは、塩釜神社だ。

公民館からわずか3分ほどの距離を、歩きながら、みんなで大きな声を出す。

「ちょ〜うさじゃ」とサムライのかけ声があり、

「ちょ〜〜〜うさじゃあああ」と一行が応える。

これを神社に着くまで繰り返す。

初めて百々手神事を見たとき、サムライたちや他の見物人に、「このかけ声、どういう意味なんですか〜？」と聞いてまわった。だけど、だあれも、知らない。

「さあ、なんやろうなあ。でも、昔から〝ちょうさじゃ〟って言っとる」

「知らん知らん。それを聞くなら、森本さんに聞いて！」

みんな、今更、「なんで？」なんて考えない。そこで森本さんに聞いてみた。彼は、四国で活躍する民俗写真家の森本耕造さん。四国本土や瀬戸内海の島々など、幅広く神事や行事を見物していて、地元の人たちよりも歴史や故事に造詣が深い。

「これなあ、とくに意味はないんよ。単なるかけ声や」

「えいえいおー！　みたいな感じですか？」

「そうそう、そんな感じ。他の場所でも祭のかけ声でよう聞くで」

「へ〜。ちょうさじゃ〜、かあ」

そうやって、私の人生に、「ちょうさじゃ」という、おまじないのような不思議な言葉が入り込んできた。

塩釜神社は、とても小さい。

細い参道を20メートルほど歩くと、本殿がある。本殿を守る狛犬は、なんだかポップで可愛らしい顔をしている。

サムライ一行は、本殿のまわりを3回まわる。その間、僧侶は本殿の前で祈禱をする。

「う〜ん、神社に、僧侶かあ」

まさに、神仏習合、目の前にあり。

日本は、明治維新で神仏判然令が出る前は、神仏習合の時代が1000年以上続いた。森本さんは、他の地域でも百々手神事をやっているけれど、神仏習合が残っているのは、彼が知る範囲では、茂浦だけだと言っていた。

「もともとな、モモテは寺の行事やけん。昔は、モモテの前夜は茂浦の正福寺に、射手衆11人が一緒に泊まって、海で潮垢離《しおごり》もしよったんよ」

パシャパシャと写真を撮りながら、森本さんが教えてくれる。

今でも、たとえば女人禁制で有名な沖ノ島では、島に入る前は、港で潮垢離をしなければ、立ち入りできない。そういう場所が、日本にはもっと、あちこちあったのだろう。

サムライたちが3周し終えると、一人ずつ本殿に手を合わせてお参りをする。全員が終わり、記念撮影が行なわれると、ふたたび、一行は列をなし、「ちょうさじゃ」と大声を出しながら公民館へと戻っていく。

静寂な集落で、人の声が力強く響き渡る。

だから、神様か仏様のところまで、声が届くのだろうと思う。「おや、お呼びかな、はいはい、行きましょう」と、私たちのところへやって来てくれるんじゃないだろうか。

公民館に戻ると、矢を放つ前の儀式にうつる。

百々手神事では、１００８本の矢を放つと言われているそうだ。一人の射手が、２００本近くも放つことになる。

「これなあ、正直しんどいねん」

81歳のおじいちゃんサムライが眉毛を八の字にして愚痴る。

「でもなあ、もう射手になるヤツが他におらんし、やれやれ言われてなあ」

そう言いながら、彼は毎年、大的に、ぱすり、ぱすりと矢を当てていくから、さすがでござる、と思わずにいられない。

彼が若手の時代は、それこそ何十人と男性がいたから、射手衆11人に入れてもらうのは、たいへん名誉なことで、誰もが憧れたそうだ。それゆえ平等に、〝年男〞から選ばれていたらしい。

名誉だという理由は、「サムライになれる」から。

普段平民の島の人たちが、裃を着て、射手になるときだけは、位があがり、武士となれるとされてきた。そして最後、神事が終わるときには、「位落とし」がなされ、いつもの平民にもどる。

まるで、シンデレラみたいだ。12時になったら魔法がとける、ような。

百々手神事で矢が放たれるのは、公民館の裏の空き地だけど、昔は、浜辺でしていたらしい。

近年は、公民館の建物側に射座が設けられ、ここには僧侶や自治会長らが座る。その左手側には、畳を5枚縦に並べ、島の浜砂で支えるようにして、矢を受ける〝的場〟が設置されている。右手側には射手が矢を放つ〝射場〟が設置されている。的場と射場の距離は

公民館裏の空き地で弓を引く儀式が行なわれる。写真正面が射座

20メートルほど。

射手衆は、的場の中央に設置された、三重丸が描かれた手作りの〝大的〟に向かって矢を放つ。

そのほか、射座のまわりには、神事に必要な飾りのしめ縄や松の枝、奉納されたお酒、矢代、捨て矢といった神具が置かれる。

こういった設置の準備、神具は、ほぼすべて、集落の人たちが手作業でする。この日を、百々手神事の「準備の日」という。女性たちがせっせと朝ご飯の準備をしていたのも含め、神事をするための大事な日なのだ。準備は百々手神事の前日に、朝から行なわれる。


百々手神事の準備の日、私も一緒に参加して、いろいろと見学をさせてもらい、ちょこちょこと、お手伝いもした。

一つひとつの工程が丁寧で、手間がかかり、みんなが百々手神事を神聖なものだと認識して、心を込めていることがわかった。とくに、感心するのは、島のものを使っていること。

森本さんに聞けば、「百々手神事は戦国時代からあったんじゃないかと言われている」というから、島以外のもの、自然以外のものは、なかなか使うことができなかったのかもしれない。

だからといって、現在は、高齢化・過疎化の島事情を踏まえれば、神事をもっと簡易化したり、利便性を重視したりすれば楽だと思う。それを、極力しようとしない。

前日の朝8時に公民館をのぞくと、すでに10人ほど集まって、せっせと準備を行なっていた。

「朝一番に、みんなで竹を切りに行くんじゃや」

茂浦で〝竹職人〟と呼ばれている、プロ並みに竹細工を拵《こしら》えるのが上手な山本典昭さん（ノリさんと呼んでいる）に言われて、付いて行く。

女竹（矢竹）を取る、と言っていた。竹といっても、島には真竹や孟宗竹など、数種類ある。昔から矢には、細くて表面に筋のない

女竹で矢を作る作業は、男性たちがする

女竹を使うのだそう。

集落の山側の、鬱蒼とした竹林の中へ入って、刀でスパスパ切って、竹の状態を確かめながら集めていく。

「ノリさん、竹って何本必要なんですか？」

「200本。〝矢代ふり〟の〝御矢代〟と〝捨て矢〟に使うんや」

言葉で聞くだけだと、いったい何の矢のことだかチンプンカンプン、と思いながら、首を傾げる。

「神事に使って、終わったら、みんな家に持ち帰るんや。破魔矢みたいなもんだわな」

そういえば、毎年、神事が終わった後、お札のついた二本の竹をみんな貰っていた。私も貰い、東京に持って帰っていた。

島を出て、東京に戻り、都内の電車に乗ったときに、ふとバッグから竹の矢が二本飛び出していて、ちょっぴり気恥ずかしかったのを思い出した。

あれかあ。今更だけど、御矢代とか、捨て矢というのか。

竹集めは大変そうに見えたけれど、切られた竹が、みるみるうちに軽トラックの荷台に積まれていく。それから、公民館の裏側で、その竹を〝矢〟にする作業がはじまる。

みんな、小学生の時から当たり前のように、肥後守《ひごのかみ》をいつもポケットにしのばせ、竹を切って遊んでいたというから、するすると竹で矢を拵えていく。見事だ。

　公民館の中では、女性たち5人が、捨て矢の先に付けるという羽を和紙で作っていた。真っ白な和紙を羽の形にして、明るい色で、線を入れていく。一人が和紙を折って、一人が和紙を切って、三人が色付け。

　竹取りから戻り、この場に交ぜてもらった。

「はい、小林さんも色付けしてな。派手な色のほうがいいけん」

「は〜い。わ、はみ出しちゃった。難しいよ〜」

「案外ね、難しいんよ」

　インクがにじむ和紙は、丁寧に塗るよりは、コツを摑んだほうがうまく塗れる。たしか、200本の女竹を取るとノリさんが言ってい

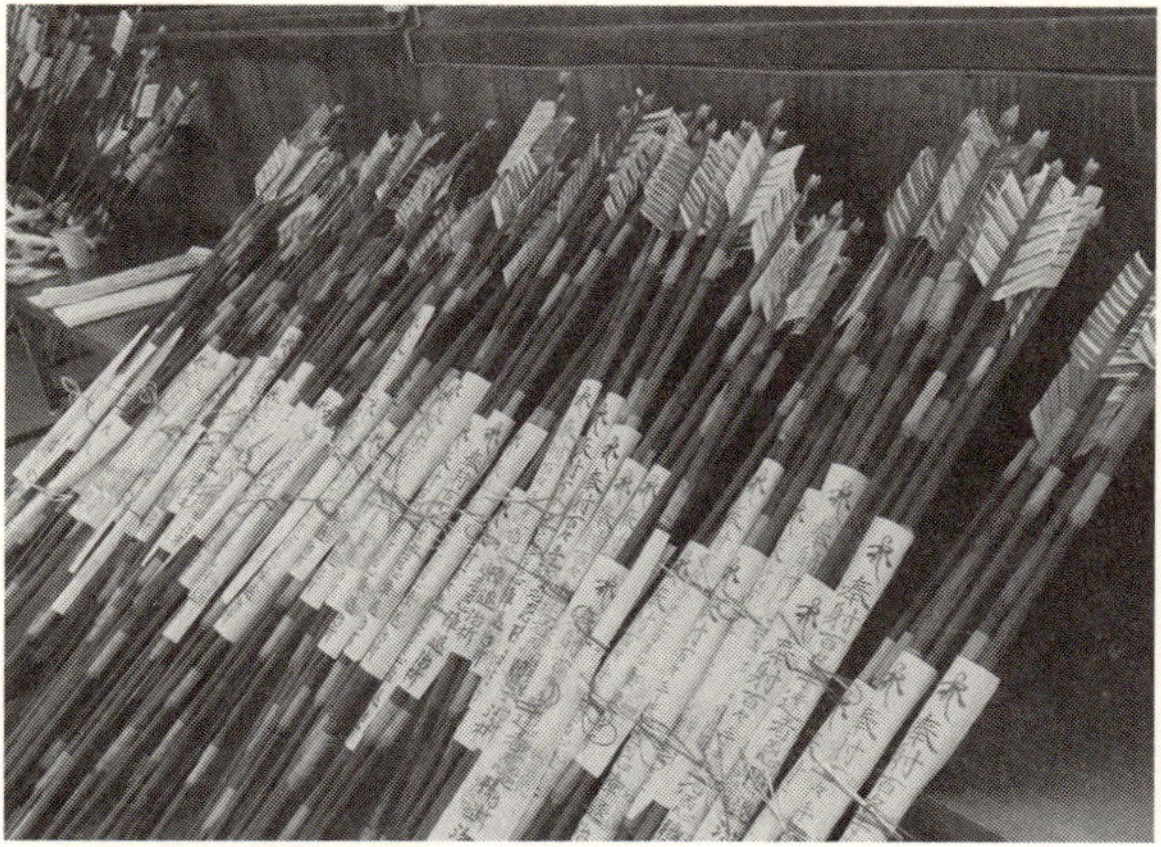

カラフルな羽とお守りの札がついた捨て矢

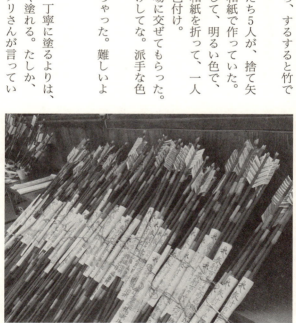

たから、羽も200枚ということか……。あれ？

「あの〜。茂浦の人口って減っていますけど、矢の数は減らしていかないんですか？」とおばあちゃんたちに聞くと、

「うん。変わらんよ。ずーっと、同じ。空家になってもなあ、玄関に捨て矢を置いといてあげるの。厄払いやからな」

「そこが、田舎のええところやなあ。あっはっは」

讃岐広島は、穏やかで、もの静かな印象をうける島だけど、島に一歩入り込むと、こうやって心がぽかぽかすることが多い。

それから、公民館の30畳ある広間では、大的と小的が作られていた。

大的は、射手衆が矢を放つときの的になるもの。水で溶いた小麦粉を煮てつくった糊を、1枚の畳表にべっとり塗り、障子紙を張り付ける。しっかり乾いたら、障子紙の上に、巨大な大中小の三重丸を、墨汁のついた筆で描いていく。三重丸の上には「平成三十年」、下には「正月吉日」と右から書く。これで、大的の完成だ。

その次に、直径30センチほどの円形にした竹に、障子紙を張り、その上に墨汁をつけた筆で「鬼鬼鬼」と書いて、小的を作る。

「実はなあ、この小的ってのが、モモテで重要な意味があると思うんや」

と、森本さんが話してくれた。

小的に書かれた「鬼」三つは、悪魔、悪疫を意味している。百々手神事の「準備の日」、つまり前日に、射手となる人は夕方集まって、的場に置かれた「鬼鬼鬼」の小的に矢を放っていく。

「これは練習だ」と言う人もいるけれど、昔から、「小的に矢が刺さらなければ、射手になれない」とされてきた。そして、射抜かれた小的は、当日の神具として使われる。つまり、これは「練習」ではなくて、すでに神事がはじまっているようなものらしい。

さて、塩釜神社から戻ったサムライたちが、神事を進める。

公民館の入り口付近、見物者がいる場所では、たき火をおこしているので、あたたかい。パチ、パチ、という木の音が、神聖なものに聞こえる。

まず一番射手の早矢が〝矢代ふり〟を

一番射手の早矢が射る大的までサムライたちは一人ずつ御矢代を持って歩いていく

するため、的場のほうへとゆっくりと歩き、大的の前で座り、神前にお参りするように、手をパンパンたたいて祈禱する。昔は、この早矢をつとめるのは、集落でもっとも家の位が高い人であったらしい。

そして、サムライたちは一人ずつ、自分の名前のついた〝御矢代〟を持って的場のほうへと歩いていく。御矢代は、前日、ノリさんたちが竹林から女竹を取って作っていたもの。その人や家の、分身の役目を果たすらしい。

サムライが矢代ふりをする一番早矢に、自分の分身となった御矢代を渡し、大的の前で手を合わせて祈禱する。これを全員繰り返す。

全員が終わると、サムライ射手衆11人分の御矢代は、前日みんなに射抜かれた「鬼鬼鬼」の小的に刺す。

一番早矢の矢を使って、皆にお米とお神酒が配られる

この間、場は静かで、凛とした空気が流れている。そして、一番早矢が「どなたも矢は揃いましたか」と言うと、みんなが、「なかなか！」と言って終わる。

いよいよ、一番射手衆、二番射手衆の順に射場から大的に向かって、矢を三度放っていく。矢を射るとき、弓を引くほうの袢の肩衣から肩を出す。下に肌着を着ていたりするのだけど、なんだか妖艶で、ドキリとする。

なかには、肩を出すと、肌着無着用で、いきなり素肌が見えるサムライもいたりして、ついつい見入ってしまう。

その後、全員が射場で横に11人並び、生米と炊いた米を合わせたものとお神酒が世話人から配られ、口にする。お米を挟むのは、一番早矢の矢を二本、それをお箸のようにして世話人が配っていく。

一つひとつ、所作にも決まりがある。伝承のすごさというのは、こういう細部に至ったところに感じる。

僧侶の祈禱のあと、「神の的」がはじまった。

これは、集落の人、見物人のなかで奉納した人の、「名前、祈願したいこと」を射手衆が口にしながら、矢を放ってくれるものだ。

射座で僧侶の横にいる係のおじさんが、たとえば、「茂浦太郎さん、家内安全」と、射場で横並びになった一番射手衆に言う。

すると、そこにいる茂浦太郎さんが、「では、大的、ど真ん中でお願いします」とか、「では、橙《だいだい》でお願いします」とか、的のどこに矢を射てほしいかを言う。

橙は、黄色い柑橘類の果物で、「代々続く」という意味を込めた、神事にかかせないもの。大的の下に置かれている。

ちょっとした、ゲームみたいな感覚で、見ているほうも面白い。祈願者がお願いしたところへ、いかに射るか。

そして、早矢から「茂浦太郎さん、かない～」と言って弓を引き、「あんぜん！」という言葉と一緒に矢が指から離れて、ピューンと大的に飛んでいく。

これを、早矢から最後に射る乙矢まで、輪唱のように口にして、時間差で射ていく。ぴゅーん、ぱす、ぴゅーん、ぱす、と気持ちのよい音が聞こえてくる。

「おいおい、ぜんぜん当たらんのう！」

「どこ狙っとんのじゃあ」

「声が小さいんちゃうんかあ」

といったヤジが、射座で待機している二番射手衆から、矢の代わりに次々と飛んでくる。

このあたりから、だんだん、神聖なる雰囲気は解かれ、言葉が飛び交い、笑いがおき、賑やかになる。

　私はこの時間がとても好き。

　パチ、パチ、と音を立てているたき火の音も、みんなの声にかき消されていく。

　初めて百々手神事を見たときは、神事だというのに、こんな無礼講なヤジの飛ばし合い、失礼なんじゃないかと思った。だけど、注意する人なんて、だれもいない。みんなが笑い、僧侶もニコニコしていた。

　昔はもっと、厳粛だったようだけど、この雰囲気が、とてもあたたかくて、いいなあと思ったのだ。

　一番射手衆が終わると、入れ替わりで二番射手衆が同じことをする。今度は、「讃岐花子さん、商売繁盛」というふうに、祈願者が代わっていく。当然、射座に移った一番射手

一番射手衆と二番射手衆のヤジの飛ばし合いが楽しい、神の的

衆が、お返しとばかりにヤジを矢のごとく飛ばす。

「もっと、上狙え～」

「本気出しとんかあ！」

傍で聞いているだけだと、怖い先輩のいる運動部という感じ。

ところで、私もちゃっかりお神酒を奉納して、毎年厄払いとともに、祈願をしてもらっている。とはいえ、このヤジの飛ばし合いだ。ドキドキしてしまう。

「では、次、小林希さん」と係のおじちゃんが言う。

ああ、今年は大丈夫だろうか？　毎年、私の祈禱は、どうもムズカシイようなのだ。

初めての百々手神事で祈願したことは、旅の本を出版したこともあり、

「小林希さん、出版・重版祈願・旅行安全」と係のおじちゃんが言った。

ところが、これに射手衆は、

「はあ～？　なんやねん、覚えられんぞ」

「もっと、短くしてくれや」

ぶつぶつ、そう言われながら、「大的のど真ん中に当ててください」とお願いすると、早矢から弓を引き、

「小林希さ～ん、しゅっぱんじゅう……りょこう」

スパ〜ッと矢が飛んで行った。

あれ、ちゃんと言ってもらえてない！　と思うと、サムライたちは、輪唱もままならず、

「小林希さ〜ん、しゅっぱん、りょこう……」

「小林希さ〜ん、りょこう……あんぜん！」

6人目のサムライ、乙矢は、私の名前しか言ってなかった？

あとで、サムライたちから、「小林さん、もっと簡単なのにしてくれや〜」と愚痴られた。

正直、その祈願は、私ではなくて、自治会長たちが考えてくれたのだけれど。

二回目の百々手神事は、この反省を踏まえ、簡潔にしようと、〈小林希　旅行安全〉だけにしたので、見事、華麗な輪唱がキマった。ただ、なぜかお願いした的には、あまり命中しなかった。

三回目は、私の女子中学・高校の同級生を二人連れてきた。なぜなら、２０１７年は、数え年37歳の女性の本厄で、我らは数え年36歳ということで、前厄だったのだ。

「すごいから、百々手神事の厄払いは最強だって」

そう彼女たちに言ったら、「行く行く！」と来てくれた。

だから二回目は、〈小林希　36歳の前厄払い〉だった。ほかの友達も、まったく同じ。このときは、自信があった。みんなに怒られないぞ、と。それなのに、係の人が、奇しくもこ

う言った。

「では、次、小林希さん、37歳の厄払い」

まだ、実年齢34歳にして、なぜ3歳も逆にサバを読まなくてはならないの？　無意味な乙女心が、ざわざわ。

「あのー、36歳の前厄です！」と言うと、係のおじちゃんは、

「前厄なんてやったら、また来年も本厄払いせないけんぞ！　ええんや、まとめてやってもらえ！」

「は、はい！」

圧倒された。

「では、橙を狙ってください」とお願いする。

そして、射手衆5人は華麗な輪唱を繰り広げた。

早矢「小林希さ〜ん、さんじゅうななさいの〜」

二番射手「小林希さ〜ん、さんじゅうななさいの〜」

早矢「やくばらい！」（矢が飛んでいく）

三番射手「小林希さ〜ん、さんじゅうななさいの〜」

二番射手「やくばらい！」（矢が飛んでいく）

というふうに。

その後続いて、友人もやってもらったから、耳に孔《あな》があくほど、「さんじゅうななさい」がこだましました。

いやいや、2年分、まとめて厄払いができてしまうなんて、やっぱりこの百々手神事は最強だ。

そして、今年。どうなるか。

もはや、私にとって、矢が目的の大的や橙に当たるかどうかよりも、きちんと祈願を口にしてもらえるのか、というほうが気になってしまっている。

「では、次」

射手衆が身を構える。

「えーと、オフィスひるねこ、商売繁盛!」と係のおじさんが言う。

2017年秋に、思い切って法人化した会社の繁盛祈願である。

射手衆は、すっかりおなじみの私の名前が来ると思っていたのか、

「はあ〜?」

「なんやて、おふぃす?」

「オ・フィ・ス・ひ・る・ね・こ!」と私が叫ぶ。4年目となると、気心も知れて、言いた

いこともバンバン言えるくらいになった。

「会社のな〜ま〜え！　しっかり言って、大的ど真ん中に当ててよ！」

「よっしゃあ、いくでえ」と、サムライが言う。

「オフィスひるねこの〜〜〜〜しょうばいはんじょう！」

華麗なる輪唱とともに矢はしなやかに大的に落ちていく。

「あ！　ど真ん中！」

二本が命中した。

「オレやで！　当てたん！」

「やった、やった！　ありがとう！」

大人げなく、無邪気に喜び合う射手衆と私、「よかったなあ」と言ってくれる見物の人たち。風がふいて、たき火が揺れる。パチパチ

公民館のなかで、お昼の直会がひらかれる

と木の音がなる。

う〜ん、「がんばれよ」とみんなに言われている気がする。

たき火にあたりながら、見物に来ていた櫃石島《ひついしじま》の濱本さんは、

「昔はなあ、交通安全とか、良縁なんて祈願はなかったんよ」と言った。

櫃石島は、今も百々手神事が行なわれる、数少ない島のひとつだ。彼は、そこで、射手頭の一番早矢をつとめる人。

「そっかあ、昔は車がないから、交通安全ってなかったんですね。良縁は、やっぱりお見合いだったから？『いい人に出会えない〜！』なんてこともなく！」

考えれば当たり前のことだけど、時代の変化というものを、祈願の内容で再認識すると面白い。新年のはじまりに、精神が清々しく、健康的になる儀式。それが百々手神事だろうなあと、つくづく思う。

百々手神事は、「直会《なおらい》」と呼ばれるお昼の時間がある。朝ご飯と同じように、みんなが集まって、一同揃ってお弁当を食べる。このとき、お神酒やビールを呑みまくる。場はいっそう賑やかになり、笑いはたえない。

午後も同じく「神の的」の続きがあり、それが終わると、大的は片される。代わりに、小

さな的が用意される。「金の的」といって、的の中心により近く当てた人に、お神酒一本、矢二本、弦、金一封が贈られる。

お神酒は勝者より、すぐみんなに振る舞われる。見学しているだけでも、お神酒をいただく機会が多くて、ほろ酔いも、しっかり酔いになって、ふわふわ、夢心地になっていく。

サムライたちにも、午後からはもう、居眠りをしてしまう者も現れ、「おいおい、起きろや！」とやじられ、「起きとるわ！」と言い返す。

そうして、百々手神事の１００８本の矢は神へ捧げられたことになり、神事はエンディングへと向かう。

81歳のおじいちゃんサムライは、またしても、「これがなあ。正直、ほんまにしんどいんや」と言った。

最後は、みんなで天王宮のある小山に登らなくてはならない。そこで、矢を山に放って、完全に神事は終了する。

公民館から、ふたたびサムライは一行列をなし、〝御矢代〟と〝捨て矢〟を持って、「ちょうさじゃあ～」と言いながら、天王宮へ向かう。きつい山道。数分なのだけど、お年寄りにはきつい。私だって、はあ、はあと息が切れる。

小山の中腹に鳥居があり、その下をくぐって、天王宮の境内へと入ると、サムライたちは、女竹で作った〝捨て矢〟を空に向かって射る。

「百難災の弓離れ！」と叫びながら。

弓よ、矢よ、悪魔を払ってくれ！　という祈りを込めて。また1年、それぞれの祈願したことが、叶いますように！　と願って。

各自、放たれた捨て矢は、拾って、破魔矢の代わりに家に持って帰る。丸2日かかった百々手神事は、こうして、幕を閉じる。この瞬間に、裃を着たサムライたちは、平民に「位落とし」される。それぞれの日常が、また静かにはじまる。

あっという間の、それでいて長くて、尊い神事だ。

今年も、私は二本の捨て矢をバッグに入れ、東京の自宅まで戻った。バッグからぴょっこり出ている竹が、サムライの刀のように、私を守ってくれているように感じた。

こんな魅力的な神事が、毎年秘やかに行なわれている。私にとって、ここが宝の島なのである。

第三章

〈自然〉伊豆大島

日本の砂漠と、地球の孔トレッキング

小麦粉みたいな砂が、風に舞って、砂丘の稜線をゆらゆらと湯気のように漂う。えんえんと遥か地平線までつづく砂の海は、無機質なのに、美しい。空の色と砂の色のコントラストが強烈で……。

まあ、こんなロマンチックなことをさらさらと言いたくなるのが、砂漠だ。

「へえ、伊豆大島に、砂漠ですか」

「砂漠、だけど〝裏〟砂漠ね。のぞこが想像する、チュニジアやモロッコのような、ああいうのとは違うけど」

だけどここは、国土地理院が発行する地図に、日本で唯一、砂漠と表記されているらしい。日本に、砂漠があるなんて。しかも島に。それも東京に。

私が初めて砂漠を旅したのは、大学生のとき。モロッコの赤っぽいサハラ砂漠を、ラクダに乗って旅した。ラクダ使いに、道案内してもらいながら、道標となる太陽と星をたよりに、一歩、一歩と砂の海に足跡を残していった。太陽の傾きとともに、砂にうつる影は、ラクダも、ラクダ使いも、自分も、ぐんぐんと足長のっぽになっていった。

夜、無数の星が天空で瞬き、柔らかな砂の上に寝転がりながら、降ってきそうな星をいつまでも眺めていた。

それからも、チュニジアで、インドで、飽きることなく砂漠を旅した。静寂な世界は、生命の死を連想させて怖くもあり、理由のない美しさが漂って、艶《なまめ》かしい女性のような雰囲気がして、惹き付けられた。

「〝東京砂漠〟って、なんだか殺伐とした表現でありますけど、本当の〝東京の砂漠〟は、伊豆大島にあったんですか」

わけのわからぬことを言われて、斎藤さんは苦笑するしかない。彼は、前職の出版社にいたときに担当していた著者で、今となっては島旅の師匠である。

「うん、行ってみたらいいよ。真っ黒な砂漠だよ。日本のジオパークにも認定されてる」

そんなきっかけから、東京の離島、伊豆大島へもう何度も行くようになった。結果的には、その黒い裏砂漠と呼ばれる砂漠をはじめ、情緒的な雰囲気の集落も、猫の多さも、椿の花々も、質のよい温泉も、島の人たちとの距離感も、土産物屋や飲食店の数も、どれもが私にとって、〝ちょうどいい具合〟で心地がよい島だった。

毎度、移住者の男性が自力でつくった、ぬくもり満点の宿に泊まっては、車をレンタルして、島中をぐるぐる散策した。

そして必ず行くのは、やっぱり裏砂漠だった。幻想的で、ミステリアスで、島のエナジーが放出されているような場所。艶かしい女性的な砂漠ではなくて、黒々しく男性的な世界を思わせる。

伊豆大島は、火山の島だ。

数万年前に、海で噴火が起こって火山が誕生し、その後も噴火を繰り返しながら、近隣の活動を終えた三つの火山を覆っていき、標高１０００メートルの〝島〟となったのが、伊豆大島。いまだに、火口付近では、ほわほわと噴煙が出ている。

よくよく調べると、伊豆大島は、妙高山や八ヶ岳、富士山、箱根、伊豆諸島の島々などの諸火山を経て、マリアナ諸島まで続く富士火山帯に位置している。今も活動している「THE火山の島」というわけだ。

たしかに、ふる〜い記憶を呼び起こせば、１９８６年に伊豆大島の真ん中にある三原山が噴火して、大ニュースになっているのをテレビで見た。当時私は4歳くらいだから、正確には、再放送のVTRなんかを見て覚えているのかもしれない。

ただ、花火のように、赤い光が空に噴射して、マグマが山肌にどろどろと赤い筋をつくって流れているのが、血のようで、不気味で、怖くて、はるか遠い場所で起きていることにほっとした。

だけど、なんだか、綺麗だなとも思っていた。子供心に、それを口にしてはいけない気がしていたけれど。

あの伊豆大島なのか。三原山にも行ってみたい。

伊豆大島に行くには、東京の竹芝桟橋から、東海汽船のジェットフォイル、つまり高速ジェット船に乗る。私が、伊豆大島をおすすめしたい理由のひとつは、この高速ジェット船〝セブンアイランド〟の船旅が、劇的に快適だということがある。

島旅をするには船に乗らなければいけない。飛行機という手段もあるけれど、値段が跳ね上がるし、旅情をおぼえるのは、やはり船だと思う。だけど、不安なのが、船酔いだ。

海上を走る東海汽船のジェットフォイル「セブンアイランド」

セブンアイランドに乗ったとき、それこそ、飛行機かと思った。揺れ方が、まさに飛行機のように、小きざみにガタガタ、ガタガタ、という感じだ。ふわんふわん、縦揺れ〜、横揺れ〜、おえ〜、とはならない。

実際、東海汽船のジェットフォイルは、アメリカの航空機メーカーが開発した船で、ジェットエンジンを使用している。だからとにかく速くて、船で時速80キロも出せる。船でこの速度は、鉄道でいう新幹線クラスだ。それなのに、揺れない。遠くから見ていると、水上を浮いて滑っているように見える。

ところで、船内の座席では、シートベルトを着用しなければならない。船旅をよくしている人は、「おや?」と思うかもしれない。船でシートベルトは、新幹線でシートベルトをするくらい、ちょっと違和感がある。

初めてのとき、「してもしなくてもいいんでしょ」と軽く考えて、出航まで無着用でいた。そうしたら、イケメンの船員が、キャビンアテンダントさながら「お客さま、シートベルトをおしめください」と来た。

もしかしたら、水上から空に飛んでしまうの? と思った。

やがて、エンジンがゴオオオと飛行機のような音を出し、キャプテンが船内アナウンスをする。

「皆様、シートベルトの着用をお願いいたします。途中、クジラやイルカなどが生息する海域を通行しますので、急旋回する可能性があります」

そういうことか。いくら飛行機みたいだといっても、空の旅とは違う。クジラやイルカに出会えるかもしれない、海の旅だ。

快適な船旅は、竹芝桟橋から1時間45分で、あっという間に伊豆大島に到着する。港に降り立つと、思わず、「ここって東京？」と感じてしまう。東京の反対側にやってきたみたいに、空気が変わる。

最短、日帰りの島旅ができるほど近いのに、別世界が広がっているとは。東京の都心からこんな気軽に行けるのは、2時間程度で韓国や台湾に行ける感覚と近い。

船内は飛行機みたいな雰囲気がして、旅感がアップ

伊豆大島での船の発着は、毎回海の状態によって、元町港か岡田港《おかた》か、その日に決まる。私はたまたま、岡田港発着ばかり。集落でいえば、元町のほうが行政機関などあり、島の都会という感じで、岡田はもっと穏やかな住宅地というイメージ。

岡田のほうが建坪率が高いため、密集感があるのと、大正、昭和から続く古い家が残っているので、情緒的な雰囲気がある。私的には、猫が似合う集落である。

さて、毎度お世話になる宿は、アイランドスターハウスというゲストハウスだ。ここのオーナー竹ちゃんとは歳も近くて、すっかり友達のようになってしまった。

初めて伊豆大島へ行こうとして、ネットで宿を調べていたときに、海を連想させる島なのに、なぜかそこは、竹やぶの中にある秘密基地みたいで、妙に気になった。

すぐに連絡をして、予約。ところが、そのときは運悪く台風が上陸して、旅は延期された。そうして半年後に再挑戦、秘密基地に、なんとかやってこられた。

「竹ちゃん、元気だった～？」

ゲストハウスの名前が入ったエプロンを腰にまいた竹ちゃんの所へ、手をふりながら近づく。彼は、いつも港まで迎えにきてくれる。

「船旅お疲れさま！　おかえりなさい！」

「ただいま～」

島へ、「やってきた〜！」から「帰ってきた〜！」と思えるようになるには、こういう顔なじみが出来てこそ。

ちなみに、竹ちゃんは神奈川県出身だけど、伊豆諸島に魅せられて、通い続けるうちに、思い切って会社をやめて移住をしてしまった。空家を見つけて、ほとんど自力のＤＩＹで、古民家を見事かっこいい姿に生まれ変わらせた。

もともと、そういう仕事をしていたわけでもなく、

「どうして自力で屋根を張り替えたり、ウッドデッキをつくったりできるの？」と聞くと、

「時間はかかるけど、安く済むしね。いやなに、ＹｏｕＴｕｂｅ先生のおかげで、何でも自分でできるのよ」

と、さらりと言う。いくら、島で何かをするとなると、割高になることが多いからといって、ＤＩＹのハウツーを紹介しているＹｏｕＴｕｂｅの動画を見ながら、自分でやってみようだなんて、並大抵のことではない。

「便利だけど、もう〝あっち〟の東京には住まないかな。〝こっち〟が好き。ストレスがなくて、しあわせ」

そんな、睨みつけたくなるほど、羨ましいことを言う。よく私も、「自由でいいね、羨ましい」と言われることがあるけれど、竹ちゃんと決定的に違うのは、まだ、「ここだ」とい

う居場所を見つけられていないことだ。

初夏の5月、初めて竹ちゃんに会ったとき、今では考えられないくらいに、猫をかぶって、

「あの、竹内さん、伊豆大島には砂漠があるんですよね？　行ってみたいんですけど、車でしか行けないいんでしょうか」

そう言うと、竹ちゃんも、今では考えられないほど、丁寧にかしこまり、

「裏砂漠ですよね。車がないと。でも、伊豆大島に来たら、絶対に行ってほしいんですよ。なんで、連れていきますよ！　自分、よく、時間が空いていれば、お客さんを島案内してるんで！」

ブルルンとエンジンを入れて、竹ちゃんのボロボロの車が砂利道を走り出した。近くにいる愛らしい野良猫たちが、とことこと道をよける。

「すごいですねえ、この竹やぶ」

「そうなんですよ。こんなところに宿があって、お客さん、どこに連れていかれるんだろうって、不安になりますよね」

竹やぶのなかに、車一台がぎりぎり通れるような狭い砂利道が、こっそりと一本通っている。日が暮れたら、真っ暗だ。外灯もないのは、島ではよくあることだけど、ここが東京だ

と思うと、不思議で仕方がない。

竹やぶ道から、舗装された道路に出ると、いくらかほっとする。

3分も走ると、大島空港がある北の山という集落に出て、ほがらかに放牧されている牛たちと出会える牧場がある。島内あちこちの商店や飲食店でみかける、「大島牛乳」や「大島バター」「大島牛乳アイス」は、この牛たちの賜物。

潮風にそよぎながら育った牧草を食べ、清らかな空気いっぱいの、こんな気持ちのよい場所で育つ牛の恵みは、たまらなく美味しい。

火山の島ではあるものの、かつては「ホルスタイン島」と呼ばれていたくらい、酪農が盛んだった島らしい。

その小さな牧場の隣には、地元の野菜や果物、手作りパン、大島牛乳のソフトクリームなどが売られた、「ぶらっとハウス」という市場がある。

来島する楽しみのひとつでもある、濃厚なミルクを使ったソフトクリームをそこで買って、また車に乗り込む。冬でも絶対に食べたくなる、私にとっての「〝伊豆大島の味〟の記憶といえば、これ！」なのだ。

竹ちゃんの宿は、島の最北部にある野田浜に近い。そこから、島をぐるっと一周する大島一周道路へ出て、島の中部に広がる裏砂漠へは、時計回りに進むほうが近い。だけど、観光ポイントが多いのは、逆時計回りだ。

「初めての伊豆大島だったら、元町、野増《のまし》、差木地《さしきじ》、波浮《はぶ》って集落を経由して行ったほうが面白いっすよ」

ということで、逆時計回りで島を進む。

野増という観光地化されていない、だからこそ風情と昔からの島らしい家並みが残っている集落を通り過ぎ、やがて絶景が見えてきた。

「こ、これは！」

いや、まだ裏砂漠には着いていない。

「バームクーヘンです」

急にお菓子の話ですか、と思うけれど、そうではない。

目の前には、自然の造形美。バームクーヘンを思わせる地層断面が高さ30メートル、距離にして800メートルも続いている。

1万5000年間、三原山が数百回と噴火して形成された千波《せんば》地層切断面で、大島一周道路をつくっているときに現れたらしい。黄土色の断面層は、じっと見ていると、茶色、黄色、クリーム色、黒色、赤色、細かな色彩が混ぜ合わさって、複雑だ。

「前に来たお客さんで、地層学者の人がいたんですけど、これ見ながら、飯が食えるって言ってましたよ」

「マニアには堪らないでしょうねえ〜」

「これくらいで」

　と、運転しながら、親指と人差し指がくっ付きそうなCの字を作って、

「100年分の地層の厚みらしいっす」

「ひゃー！　悠久なる噴火の営み！」

　右手には太平洋、左手にはバームクーヘンのおよそ1キロの道を走る。わずか1分で通過してしまった。その時間の短さは、宇宙が誕生してからこのバームクーヘンが出来るまでの歳月に対する、人の一生みたいなもんだろう。

　その後、差木地を通り、波浮という集落で

伊豆大島の見どころのひとつ、バームクーヘン地層断面

一度降りた。

伊豆大島最南部の港街で、昔ながらの家並みを観光向けに甦らせた「波浮の街並み」は、島内屈指の観光名所だ。といっても、明治時代に建てられた立派な構えの旅館「みなとや」をはじめ、古さを残した家ばかりで、とてもノスタルジック。

北部の岡田も古い家が多いけれど、波浮は映画のセットのようなまとまり感があって、街並みフェチだったら嬉々として散策したくなる。

ふたたび車に乗る。

「さあ、いいですかね。いよいよ、裏砂漠ですよ～」

いよいよ、日本の砂漠へ。

車は大島一周道路から島の中部へと北上する。標高も徐々に高くなっているみたいだ。木々の緑の濃さは生命力を思わせる。打って変わって、裏砂漠は、チュニジアやモロッコみたいな、涸れ果てた場所なのだろうか。

やがて「月と砂漠ライン」という看板があり、矢印のほうへと左折する。もう、三原山のお膝元にいる。裏砂漠は、三原山の裏側に広がるという意味で、「裏」砂漠というらしいことを、車中竹ちゃんから聞いた。つまり、三原山の表側とされるところには、「表」砂漠があるらしい。

「月と砂漠っていいですね」

「月面みたいなんすよ」

3キロほど走ると、駐車場に着いた。ただの空き地という感じで、適当に車を止めて、降りる。

裏砂漠へは駐車場から歩いていく。「入り口」と看板が出ているところを進むが、獣道を人が通れるように整備したような、細く、心もとない道だ。

足元はすでに、灰色よりは黒色に近く、じゃりじゃりとしている。よく見ると砂というか、火山灰か、細かく砕けた溶岩みたいだ。

じゃりじゃり、とした足元は、そのうち、ざくざく、ざくざくと変わった。色も、より黒色へと変わり、粒はより大きくなっていく。所々、10センチや30センチくらいの溶岩がごろごろ散らばっている。ごつごつとした表面は、ちょっと痛そう。対照的に、生い茂る木々は、緑に燃えている。こんなところを生きぬく植物は、相当な生命力だろう。

だんだん、道幅が広くなっていった。駐車場から歩いて10分ほど、目の前がぱあっと開けた。

足元から続く、黒々とした大海原。その先に青い海。空との境目がはっきりわからない。雲がびよーんとのびて、青色の空間に浮いている。

思いがけず、黒い地表には、緑の木々がぽんぽんと生えている。

「ハチジョウイタドリ」というらしい。

長い噴火の歴史のなかで、生き抜く術をもって生えてきた植物だ。夏には、白い花がつく。不思議だけど、黒い砂漠に命の美しさが際立つだろうと思った。

私が立っているところは、どうやら砂丘の上らしい。砂漠のように、なだらかな砂丘が、海のほうまで広がっている。このまま降りていったら、海へたどり着けるだろうか。いや、相当な距離だろう。スケールアウトして、規模感がうまくつかめない。

風が、やたらと轟々うるさい。

「ここ、けっこう風が強い日が多いんですよ。持ちもの飛ばされないように、気をつけてくださいね！」

竹ちゃんの声も、どこかに吹き飛ばされてしまいそう。

これじゃあ、砂嵐が起きそうなほどの風だけど、足元は砂ではないから舞い上がってこない。黒い粒砂を両手ですくいあげてみた。

「思ったより軽い！」

2ミリから5ミリくらいの大きさの粒々は、スコリアと呼ばれる溶岩滓で、多孔質なので、見た目と裏腹に軽石のように軽い。そして、焦げ茶色なんだと気付いた。

第一展望台まで歩いてみた。何か小屋があるわけではなくて、ただぽつりと看板が立っているだけ。

足元はスニーカーで正解。旅先ではビーサンで散策することも多い私だけど、スコリアの粒はごつごつしているので、靴の中に入ってくると痛い。風も強いので、なおさらだ。

海と反対側の方角には、三原山が見える。あれが、人が「御神火《ごじんか》」と崇めてきた山だ。月面のようなこの場所から眺めると、なんだか、畏れ多い。

それから、櫛形山と名前がついた、こんもりとした砂丘のほうを見ると、どうやら第二展望台があるらしい。

「行きますか？」

「も、もちろ……す！」

声がさえぎられるので、大きくうなずいてみせる。

ざくっ。ざくっ。ごおおおお。ジャケットの裾がたくしあげられ、髪の毛はひっちゃかめっちゃか、視界をふさぐ。

およそ、300メートル。もうすぐだ……。ざく、ざく、ざく。

そしてついに、人類は、月面に到達しました！　という感じの写真を、竹ちゃんが撮ってくれた。星条旗の代わりに、看板を片手に、風に飛ばされないようにしがみついている姿。

「荒涼としているんだけど、命の鼓動が聞こえるのよねえ」

その後、伊豆大島未踏の友人なんかには、はりきって自慢するネタとなった。だけど、この台詞は、心底本当だと思っている。

別の機会にまた裏砂漠を訪れたとき、人もいないので、ごろんと横になってみた。そうしたら、聞こえてきたのだ。

どく・どく・どく。

リズムを刻む、自分の中心から聞こえる鼓動。

どく・どく・どく。

その下の、地球の中心から聞こえる鼓動。

背中がちょこっと痛いけど、じりじりと熱くなってくる。頭上の太陽のあたたかさと挟まれて、心地がいい。

月面のような裏砂漠にて、風に吹き飛ばされそうな私

砂漠といえば死のイメージがあるけれど、ここは命を感じるところ。地球のエナジーでみなぎっている。

それから、また別のときに、どうしても三原山をトレッキングしたくて、中学生からの友人Kちゃんを誘って、一泊二日で伊豆大島に行った。船酔いを心配していたKちゃんだが、東海汽船の高速ジェット船で見事クリア。

「いいね〜。揺れない〜。はや〜い」

でしょ、と、私は1ミリも、何もしていないけれど、いい気分だ。

宿泊は、もちろん、竹ちゃんのところ。

「た〜だいま、竹ちゃん！」

「おかえり〜」と私に、「いらっしゃい〜」とKちゃんに、いつものように港に迎えにきてくれて、たっぷりと愛嬌をふりまいてくれた。

今回は、三原山のトレッキングに行くと、事前に竹ちゃんに告げていた。いつでも行けるからと、気の進まない竹ちゃんを無理矢理誘って、三人で行く。

「とりあえず、宿に荷物を置いたら、一通りKちゃんに島案内をしてあげたいんだけど。で、明日は朝からトレッキング。お弁当を持っていくよ！」

「オーケー、隊長！」

隊長と呼ばれるのも、悪くない。今回は、三原山トレッキング探検隊ということで、先頭切って歩くつもりだ。


翌朝。お弁当を作ってくれているのは、Kちゃんと竹ちゃん。竹ちゃんのアイランドスターハウスは、素泊まりなので、お願いすればキッチンを貸してくれて、自炊ができる。

「隊長、大丈夫？」

「無理しなくていいからね」

「やだ！　絶対行く！」

ソファで、うう、うう、と言いながら横たわる、情けない隊長は私である。早朝、急に胃痛がして、目が覚めた。それからず〜っと眠れなかった。

ちなみに、私はよく旅をしているので、「健康人」と見られるし、自分でもタフだと思っているけれど、それは気持ちだけで、実際の体力は年々低下、最近はよく旅先の病院にお世話になっている。

今朝も早くから、竹ちゃんに大島医療センターに連れていってもらい、薬を飲んだばかりだ。原因は、おそらく軽い食あたりでは、ということだった。

昨日、お弁当用に島のスーパーで買った食材のうち、私の体調を考えて、唐揚げはなしになり、卵焼きとウインナーとプチトマトとごま塩おむすびが用意されていく。

「でもね、吐き気もないし、下痢もないしさ。大丈夫だから！」

と言いながら、胃を押さえる私に、二人は、やせ我慢もほどほどにしろと思っただろう。だけど、優しい彼らは、

「じゃあ行こう。痛くなったら、引き返したらいいし、まあ、なんとかなるよ！」

そう言ってくれて、出かけた。

「うん、無理言ってごめんね」

自分を情けなく感じながらも、どうしても三人で行ってみたかった。

昨日、得意げにKちゃんを裏砂漠に連れていった。まあ、運転したのは竹ちゃんだけど。しかも今回は、月と砂漠ラインから抜けたところの砂丘の上から、遥か下のほうまで、歩いてみたのだ。

実は裏砂漠へは、車の運転が難しく、故障も多いため、基本的にレンタカーでの進入は禁止、もしくは何かあったら別料金が必要となるし、そうでなくとも、限られたところまでしか、車両自体が入って行けない。

「二人で、下まで歩いてみる？」

「え、いいの？」

「下のさ、あのあたりまで、車で迎えにいってあげるよ」

〝あのあたり〟というところには、車のタイヤの跡が途切れている。そこまで、〝下の道〟から車が入れるらしい。それ以上は進入禁止みたいだ。このエリアは富士箱根伊豆国立公園の一部であるため、車の進入規制もあるし、動植物も、勝手に持って帰ったらいけない。

何度も来ている、砂丘の上のほうへ出る道は、「月と砂漠ライン」を通って、駐車場で止めてから徒歩で向かう。

砂丘の下のほうへ抜ける、通称〝下の道〟は、もちろんレンタカー禁止だし、地元の人も入るのを相当嫌がる。舗装された道路から下の道へ入って行くとき、風雨にさらされたままの普段誰も通らない道は、速度をあげて、勢いをつけて入っていかないと、簡単にスタックしてしまう。

「基本的に、お客さんに頼まれても断るけどね。まあ超常連客だけということで、特別ね！」

ぶつぶつと言いながら、竹ちゃんは一人で来た道を戻り、駐車場のほうへと向かった。

ぽつーんと、私とKちゃんが、一面の黒い地上に残された。どちらからともなく、歩きだす。急な勾配ではないけれど、普通の砂同様、足元がずずずと滑るので、膝と腰に力を入れて、ゆっくりと降りる。

「広くて迷いようがないのに、誰もいなくてちょっと怖いくらい。昔、日本のどこかの湖を一緒に、白鳥のボートに乗っていたらさ、ガスが立ち込めて来て、私たち遭難しかかったことあるよね？」とKちゃん。

「20年くらい前の話？　よく覚えてるね〜」とまぬけな私。

「それでさ、やばいやばいって焦っていたら、しばらくして救助されたの。そのとき、救助隊に『アメリカへようこそ！』って言われたんだよ」

「あ、それ覚えてる！　その冗談も、心もとなくて不安になったね」

懐かしい記憶を吐き出しながら、ざっく、ざっくと、スコリアを踏んでいく。まるで、氷を踏んでいるような音。実際、季節はまだ2月で、太陽が出て暖かい日だったけれど、丘陵の影になっている所には、ずいぶんと雪が残っている。黒い生地のお菓子に、真っ白なクリームを垂らしたみたい。そうだ、オレオみたい。

そんなことを思ってると、Kちゃんが言葉を続けた。

「なんだかさ、この裏砂漠も宇宙ぽいというのかな、どこか別の場所へ行ってしまいそう」

「ほんとだね。月面に放ったらかしにされた気分。竹ちゃんが迎えにこなかったら、どうしようね」

振り返ると、さっきまでいた砂丘の稜線へ、太陽が接近している。太陽が消えてしまう前に、竹ちゃんと再会したい。

降りる途中に、スコリアにも負けない頑丈なハチジョウイタドリにたくさん出くわした。真冬のため、黄色い枝がわしゃわしゃとしている。

ようやく、遠くに、一台の車が現れた。「あ!」と思ったのと、「ちっちゃい!」と思ったのが同時だった。車が豆粒のように見える。

30分くらいで、砂丘の上から傾斜のないほぼ平らな大地には降りられた。そこから、さらに竹ちゃんの車まで20分くらいは歩かないといけないだろう。

裏砂漠で下の道から迎えにきてくれた竹ちゃんの車。豆粒のよう

「異世界に行かなくて、良かったね」

「まだわからないよ。竹ちゃんになりすました宇宙人だったりして」

どこまでも、SF的なことを言い飛ばしたくなる。

竹ちゃんも向こうから歩いてきてくれて、無事に合流したとき、みんなでごろんと横になった。寝そべった頭のほうから、太陽の光がふんわりと私たちを包んだ。

三人ともしばし黙っていた。きーんとした、静寂の音が聞こえる。やがて、体の中心から、やっぱり鼓動が聞こえる。

どく・どく・どく。

Kちゃんにも、竹ちゃんにも、聞こえているのかな。

ふっと、ぬくもりが消えたと思ったら、太

Kちゃんとごろんと横になり、地球のエナジーをもらう

陽が稜線の向こうへ落ちていった。

「さあ、戻ろっか。一気に寒くなるよ」

「うん、明日は表砂漠を通って、三原山のトレッキング！」

「これは楽しみ。来てよかった」


……そんなKちゃんの言葉を聞いておきながら、胃痛でトレッキングできないだなんて、考えたくない。

車に、防寒具とお弁当、水を入れたリュックを載せて、アイランドスターハウスを出たのは11時。出発予定時刻より2時間遅れてしまった。

標高555メートルにある、三原山の山頂口展望台で車を止める。駐車場には、乗用車が10台ちょっと、バスも止まっていた。

「あれえ、今日は平日なのに、お客さんが多いなあ」

伊豆大島はアクセスがいいので、東京の竹芝桟橋や静岡県の熱海などから、日帰りツアーが頻発しているらしい。三原山の火口をぐるっと一周する、いわゆる〝お鉢めぐり〟だ。

賑やかな20人くらいの団体の横をすり抜けた。山頂口の展望台から、前方に聳《そび》える山頂が平べったい三原山をのぞむ。三原山は、島の中央にあるカルデラの内側にできた、内輪山だ。

「あの黒い筋見える？」と、竹ちゃんが指を差す。

「うん」と、Kちゃんと私。

「あれが、１９８６年に起きた噴火で、マグマが流れた跡」

山肌に、大きく5本の川のような筋が、山の頂から裾野へと通っている。

「そのときは、人が歩くスピードよりも、マグマの流れのほうが遅かったみたいで、島の人たちがけっこうたくさん、見に行ったんだって」

「えー！　危なくないの？」

「そりゃあ、危ないだろうね。怖いもの見たさだよね」

三原山の裾野から手前に広がる平坦な窪地は、カルデラ。大昔の大噴火によって形成されたらしい。自然の力は、圧倒的で、破壊的で、建設的なんだなあと思う。

山頂入り口からすぐ、舗装された「山頂遊歩道」と「周回乗馬コース」通称、表砂漠ルートの二叉に分かれる場所に着いた。

「じゃあ、表砂漠ルートで」と、草ぼうぼうの獣道のような道を指差して言うと、

「さすが隊長。普通この道、初めてここをトレッキングする人は、あまり通らないよ。みんなこっちの王道から攻める」と、竹ちゃんが遊歩道を指差して言った。

でも、舗装された道を歩くより、ざくっ、ざくっとスコリアを踏みながら歩きたい。

「じゃあ、行きに表砂漠ルートで三原山に登って、ぐるっと火口を一周、お鉢めぐりをしたら、帰りはその遊歩道を歩いて帰る！　どう？」

「どうって、私たちより、体調が悪いのは隊長で……」とKちゃんが笑いながら言う。

では、問題ない。胃痛はまだ治まっていなかったけれど、しっかり歩けそうだ。

「じゃあ、表砂漠ルートで、レッツゴー！」

冬だけに、木々は枯れているのかと思ったら、意外と緑が生い茂ってもいる。場所が場所だけに、強靭な生命力だ。獣道のような非舗装の道は、足に直接、スコリアの刺激が伝わる。ざっく、ざっく、ざっく。この音が心地いい。この音は、伊豆大島の音だ。と思っていると、やや勾配のあるところに出て、足元がずずずずと取られて、進みが遅くなる。

やがて、表砂漠と呼ばれるにふさわしい、広大な平野、カルデラの窪地に出ると、木々はどれも枯れたような、黄色や茶色になった。窪地から、内輪山の三原山山頂まで、なだらかに続く黒色の地上に、金色の絨緞《じゅうたん》を敷いたみたいで美しい。天気もよくなって、空にはぽんぽんと、綿菓子のような雲が浮いている。

方角を変えて、三原山を真正面に見ながら、さらに歩く。少しずつ、勾配が急になる。頂上までの道は、きちんと案内が出ていないけれど、人が通っていったような道が、なんとなくある。

途中で、子供の身長ほどの、小さな鳥居と祠《ほこら》があって、手を合わせて参拝をした。こういう大自然を前にして、人間は昔からそれを神様だと、あるいは、そこは神様と通じる場所だと感じて、畏敬の念を込めて祈禱する場所をつくったのだろう。

街中の神社やお寺では、あまりピンとこないけれど、こういう場所ではすんなりと理解できる。

「よし！　行こっか」

先頭を切って再び歩きだしたつもりが、あっという間に最後尾担当になって、二人の後をついていく。

「お——い、隊長！　だいじょ——ぶ——？」

上のほうから、豆のように小さい二人の、

内輪山から眺める外輪山とカルデラ、遠くは太平洋

でも大きな励ましの声が降ってくる。なぜ、そんなにサクサクと登れるの？　って、聞きたいくらいだ。

返事の代わりに、手を挙げてぴらぴらと振る。

それをどう受け取ったのかわからないけれど、二人はその場に止まり、私を待ってくれた。やっと追いつくと、Kちゃんがリュックを降ろした。

「休憩！　水飲もう」

いい響き〜。休憩！　リュックを置いて、来た道を振り返る。

「わ――――お！」

広大に思えた表砂漠は、上から眺めると、さらにスケールアウトして、大きいのか小さいのかもわからなくなっていきそうだった。

表砂漠と、後ろに外輪山。いざ！　と、落ちていた棒を持って

「あの、向こうに壁みたいに連なっているのが、カルデラの外側の外輪山」

ネイチャーガイドさながら、竹ちゃんが教えてくれる。

「あの、空に浮いているように見える山が、隣の利島《としま》」

まるで天空に浮かぶ島。海と空の境界線が、同じ目線に見えるため、島が浮いているように見える。もっと天気のいい日には、他の島々も見えるらしい。

「伊豆大島すごいなあ。大自然。地球ってものを感じる」

最後にのこのこ登ってきたくせに、口だけは、壮大なことを言いたがる私。

「さ、あとちょっとじゃないかな。がんばろう」

「ふぁーい」

Kちゃんと気のあった返事をして、ふたたび急勾配な、道なき道を登る。あと少しで山頂という付近は、溶岩がゴツゴツと大きくなって、もたつかせた足だと、転んでしまいそう。

「やったー！　到着！」

山頂に無事、辿り着いた。三原山は遠くから眺めると、てっぺんが平坦になっているので、平野があるかと思うと、そうではない。お椀の縁のように一周、ぐるっと回れて、中央には、火山の島のハイライトといえる、噴火口がある。巨大な地球の孔だ。

「噴火口を見ながらお弁当食べようか」

「となると、あと15分くらい歩かないと」

「ふぁーい」

　噴火口が見られる位置は、限られている。その方向へ、半時計回りに進む。とげとげした溶岩がゴロゴロと転がり、風も強くなってきた。足元が、だいぶ疲れているけれど、登ってきた方向には、まあるい地球そのものみたいな景色が広がって、ウキウキとした。

　下に広がる黒い海の先には、青い海が白波を立てている。

「見て！」

「え！　わ！　きょ、きょだい！」

　地球の割れ目とも思える大きな孔。遥か下のほうは、地球の内側へとつながる。

　このなかから、マグマが噴火して、真っ黒な噴煙と多量の溶岩を放出した。母なる地球

三原山の噴火口

の、へそだ。

噴火口は、正確には「三原山山頂中央火孔」というらしい。手前に看板が置いてあった。

「60階建てのビルがすっぽり入るらしいよ」

「ちょっと、想像がつかない……」

たとえば、54階建ての六本木ヒルズなんて、綺麗に入ってしまうってこと。いつも、背筋をぐいっと使って、のけぞるようにして見上げていたビルが、すっぽりかあ。

孔の内側の壁は、赤、白、茶、黒と、まるで現代アートの画家が、思いつくままに色をつけたみたいで芸術的だ。だけど実際、何色の色彩がそこに存在しているのか。想像がつかない。

赤い層は、高温の溶岩が空気に触れて酸化した部分で、孔の上層の黒い層は、１９８６年の噴火のときの溶岩らしい。孔の内壁を眺めているだけで、それが幾度と繰り返されてできあがった造形であることが窺える。

「あれ、壁のところから煙が上がってるね。噴火しないよね？」と、ネイチャーガイド風の竹ちゃんに聞くと、

「しない、しない。あれは、ほぼ水蒸気だってさ」

「でも、あたたかくない？　気のせいかな」とKちゃんが言う。

ほわほわと壁から出てくる煙は、風の向きによって、あっちへ流れたり、こっちへ流れたりしている。

それが、こっちに向かってくると、一瞬ひやりと感じるのだけど、実際はあたたかくて、気持ちがいい。やはり山頂は、天気がよくても風が冷たくて、寒いからだ。

「ねえねえ、この看板に、英語表記で、『Mihara - yama summit pit crater』って書いてあるけど、つまり、クレーターなんだ！」

「月だね、月！　知ってる、ここ、東京だよ？」

ひとしきり、クレーター初心者らしく騒いだあと、お弁当をリュックから取り出した。まだ、ちょっとだけあたたかなごま塩おむすび。

急に思い出したかのように、胃が、きゅるるるると空腹の合図を送る。

まだちょっと痛いんだけどなあ。そう思いながらも、パリッと音を立てて、ウインナーを

火口を眺めながらピクニックをはじめる。反対側には、表砂漠と海が広がる

かじる。

「なにこれ！　おいしい！」

プチトマトも、Kちゃんが綺麗につくりあげた卵焼きも、山頂でいただくと、格段と美味しい。

「東京からこんなに近くて、最高のピクニックができる島だね〜」

最も自然を感じない東京都内から、壮大な自然と出会える東京へ、もっと気軽に来たいなあと、Kちゃんが言った。

座っていると、どんどん体が冷えてきてしまう。あまり悠長にピクニックしていたら、体力が奪われてしまいそうだ。

「さあ、残り、お鉢をまわって、戻りますか！」

まだまだ距離はある。

今度は海側のカルデラに、大きな割れ目が現れた。これが、1986年の噴火口らしい。実に、565年ぶりの噴火だったらしい。噴き出した溶岩やスコリアは、直径300メートルから350メートル、60階建てのビルが入るほどの中央孔の中に、めいっぱい詰まったそうだ。

「噴火って、一定の周期でくるらしいけど、そろそろだって言われてるんだよね」

竹ちゃんが怖いことを、のんきそうに言う。噴火は、いつ、どこで起こるかは、未知なのだ。

怖い。けれど、それは圧倒的な自然の前に立ったら、人は何もできないということが、気持ちいいくらい、理解できる。怖いという感情の前に、そうなったときは、あたふたしても仕方がないのかもしれない。

私たちは、私たちの暮らしを主体的に考えてしまうから、いつだって火山の噴火や地震や嵐など、それは「自然災害」だと思ってしまう。だけど、足掻いても、太刀打ちできない大自然のなかで、どう生きるかを学び、暮らしてきたのが、私たち人間なのだ。

自然と寄り添い、ときには自然を壊して、家をつくり、集落をつくり、家族をつくり、暮らしを営んできた。自然に対する感動と、恐れと、感謝の気持ちを忘れたとき、私たちは自然の猛威を災害だと言って、怖がる。

自然は、生きている。呼吸をしている。あらゆる生命の生死を司り、私たち人間に何かしら運命を与えてくれている。

竹ちゃんが、「もう〝あっち〟の東京には住まないと思う。〝こっち〟がいい」と決めた心のなかに、「よく生きたい」という気持ちがあるからだろうなあという気がした。自然のもとに還るという、人間の帰巣本能みたいなものかもしれない。私も島旅をするようになって、一日のどこかで自然を感じるときがないと、自分が自分でなくなるような気がしてしまう。

火口を半周して、ようやく「山頂遊歩道」へ続く起点に着いた。

「ここから駐車場のある展望台まで、もう一息だね！」

その前に、三原神社があるので、参拝に赴く。真っ黒なごつごつした溶岩に囲われた神社だ。でも、不思議。流れ出した溶岩が、神社の周りでピタッと止まっているみたいだ。

どうやら、これは本当に不思議なことで、1986年の噴火のとき、流れ出した溶岩が神殿を避けるように、神殿の手前で二手に分かれて流れたそうだ。

神社の看板には、そのような説明が書いてあり、最後に、「不思議の一語につきる。」で

マグマが流れた跡の筋が残る雄大な三原山。今日も活動している

締めくくられている。

舗装された遊歩道は、思いのほか、膝に響く。やっぱり私は、スコリアの道のほうが、気持ちがいいな。

なんて思いながら、道の両脇に生い茂ったゴールドのススキが風にそよいでいるのを見て、いや、このゴールデンロードも、とっても素敵だなと思った。

「竹ちゃん、Kちゃん、展望台まで、あと1キロくらいかな。さ、頑張ろう！」

ちょっと前を歩く二人を追い越して、振り向きざまに言う。

「ふぁーい」

二人の背後には、5本の黒い筋をつけた雄大な三原山が聳えていた。

第四章 〈遺構〉 大久野島 ——一度、地図から消されたうさぎ島

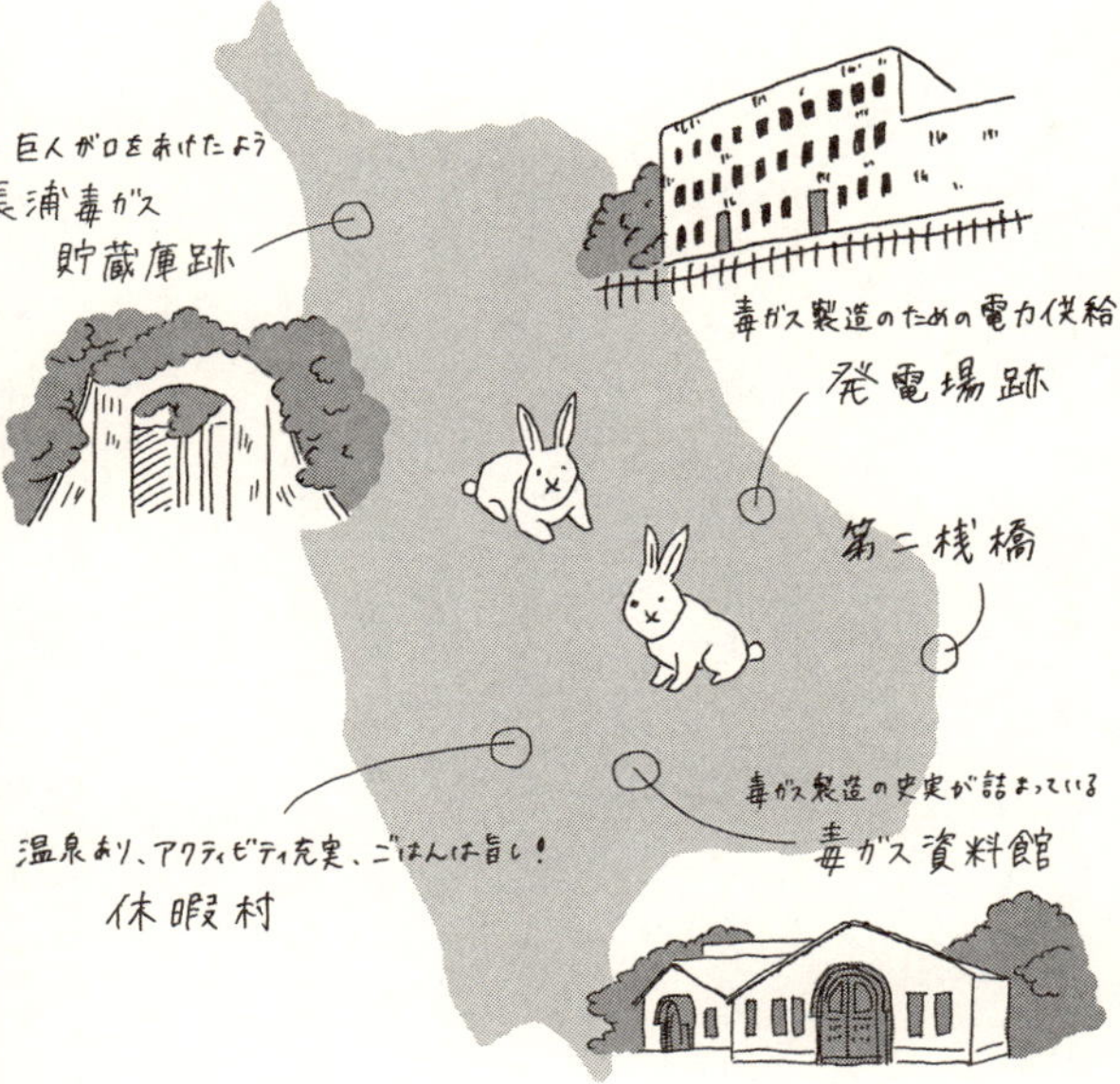

しゅっしゅっと、霧吹きをかけるように、細やかな小雨が窓ガラスを濡らしはじめた。バスに乗るまでは曇天だったのに、いよいよ、降り出してしまった。窓ガラス越しの視界は、じょじょに遮られていく。その向こうに広がるのは、灰色を含んだ青緑の、青磁色をした瀬戸内海だ。

窓のすぐ下まで、海が迫ってくるほどのギリギリの道を、バスは走っている。

バスの中には数人の乗客がいて、みんなが、それとなく進行方向左手の海を眺めていた。なんだか、わくわくとする未来のことを考えているというよりは、じっとりとした、いつかの過去の出来事を、ぼんやり思い出しているような、そんな眼差しに見えた。

あーあ。今日は、念願の〝うさぎ島〟に向かっているというのに。ま、私は猫のほうが好きだし。

負け惜しみのように、呟いてみる。

〝うさぎ島〟と呼ばれるその島は、芸予《げいよ》諸島にある広島県竹原市に属する離島で、忠海《ただのうみ》駅から歩いて数分の港から、船で15分のところに浮かんでいる。周囲わずか4・3キロの小さな島である。

　私が初めて瀬戸内海の島々を旅したのは2014年の初夏だった。一目惚れの恋みたいに、あっという間に好きになった。

　その後、毎月、瀬戸内海の島々に通うようになったのだけど、大久野《おおくの》島を知ったのは、ごく最近だった。正確には、「瀬戸内海の島に、うさぎの楽園があるよ」ということは、以前から、何度も耳にしていた。だけど、それが大久野島だと認識したのは、実家にさりげなく置かれていた児童書を、ぱらぱらと読んでいたときだった。

「これ、どうしたの？」と母に聞くと、

「それね。お父さんが図書館のリサイクル本で、もらってきたの。孫に絶対読ませようって言ってるわよ」

　本のタイトルは『地図にない島へ』で、装画は、青い海とその中央にぽつりと鐘型の島があり、海猫かカモメかが、羽ばたいている絵だった。

　島を舞台にした、著者のつくり話だろう。冒険の旅を彷彿とさせる、いいタイトルだな、そう、思った。

　だけど実際には、それはつくり話ではなくて、島で起きた「本当の出来事」が書かれていた。

その島は大久野島といい、戦時中、絶対秘密の軍需工場があった。言い換えると、島全体が軍事機密で、島内で起きていることは、家族であっても秘密にさせられた。もちろん、敵国に知られるのは、もってのほか。

その秘密とは。

島には、戦争で実際使用していた毒ガスの製造工場があったのだ。そうして、この島は秘密を守るために陸軍測量部の地図から、綺麗に消されることになった。

ここでは、多くの若い学生や軍人が動員され、結果的に被毒して、苦しみの末に亡くなっていったという史実が、児童にもよくわかるように、やさしい物語調で綴られている。

ほとんどの人は、島に来るまで、そこで何をさせられるか知らなかったらしい。島に来たらば最後、家族にも、島の話をしてはいけなかった。心身がどんどん毒に蝕まれていくのを、伝えることができないまま、苦しみに耐えるしかなかったのだ。

本を置いて、実家のマンションから、ふと窓越しに空を眺めた。同時に、二羽の鳥がパタパタと横切っていった。

「ほうらね、知らなかったでしょう?」

そう告げにきたみたいで、なんだか、やるせなかった。ここ数年、頻繁に瀬戸内海の島々に通い続け、第二の故郷のように、愛着だって湧いて、行けば会いたい人たちもたくさんいる。自分は、単に瀬戸内海の美しい一面しか見ていなかったと思い知らされ、情けなく感じた。

それから数日後。

ポヨン、と音がして、スマホでラインアプリを開くと、愛媛県の離島で、猫が多く暮らす青島で出会ったおばさんから、他愛ないメッセージが届いていた。

〈のんちゃん、また青島いっしょに行きたいね。私はこないだ、大久野島へ行って、たくさんうさぎと遊んできたよ！　かわいかった！〉

毒ガス島に、うさぎ。

まるで天使と悪魔が、両耳へ同時に、「島に行ってきなさい〜」と囁いている気がする。

これは、呼ばれている。無知だった瀬戸内海

重々しい大久野島の毒ガス工場の発電所跡

の島の歴史にも、向き合いたい。
旅先はいつも、こんな勝手な思い込みで決まるものだ。

そんな出来事から数ヶ月もしないうちに、瀬戸内海のしまなみ海道で仕事があり、その帰りに、尾道から大久野島へ向かってみることにした。もちろん現在は、どの地図にも大久野島は載っている。

グーグルマップを開きながら、位置確認をすると、尾道から大久野島行きのフェリーが発着する忠海港まで、車で45分、電車だと1時間ほどの距離だ。

尾道で山陽本線に乗車して、三原駅で下車した。そこから呉線へ乗り換えれば、忠海駅に行けるが、ちょうどいい時間に電車が来ないので、駅前から芸陽バスに乗り換え、向かった。

バスが瀬戸内海沿いを走りはじめた頃に、小雨が降ってきてしまった。道は海沿いぎりぎりを通っているので、バスの座席から左手を眺めると、海しか見えない。小佐木島、佐木島、高根島の微かな島影が、うっすらと見えては幻のように消えていく。

やがて、「大久野島入口」バス停に着いた。

10月にしては、少し肌寒い。バス停からすぐ、「大三島行きフェリー乗り場」という矢印付きの看板があった。大久野島へ発着する船は、大三島まで行くものもある。

矢印の方向へ3分ほど歩き、呉線の踏切を越えるとすぐ、青磁色の海を囲う、こぢんまりとした港に出た。

船の待合所には、雨だというのに、思いがけず多くの観光客が、うさぎのエサを手にして待っていた。併設されたお土産屋さんのファサードには、大きなうさぎのロゴ入り時計が設置され、ファンシーな雰囲気。

店内は、うさぎをモチーフにした、エコバッグやマグカップなどのグッズや、広島県の特産物を使った食品などのお土産物が、種類多く陳列され、華やかな賑わいをみせている。商品の充実度から、観光客の多さがみてとれる。

近年、〝うさぎ島〟と人気急上昇の大久野島には、毎日多くの観光客が、ツアーや個人で来島しているらしい。私に、ラインでメッセージをくれた青島大好きな猫おばさんは、「私はツアーで行ったよ」と言っていた。

観光客がどっと押し寄せ、乗船のため長蛇の列を成して、あげく満席のため次の便を待たなくてはならない日も、よくあるらしい。

人気の背景には、うさぎ以外に理由があって、大久野島そのものが、国民休暇村なのだ。国立・国定公園の中にある、日本を代表する豊かな自然と景観に出会える国民休暇村は、全国で37ヶ所ある。

ホームページには、「まだまだ知らない日本が休暇村にはある」というメッセージが書かれている。

　大久野島を調べていたとき、その言葉を読んで、実に言い得て妙だった。〝まだ知らない日本〟とひとくくりにされた言葉のなかに、「本当に知らなかったよ〜う」と、唸るような史実が眠る島だったのだから。

　もとより地元の人や歴史に造詣の深い人は別として、私の周りの友人らで、この島のことを知っている人は、誰もいなかった。

　船は二種類あって、小型の休暇村客船と、自動車も積載できる大きな大三島フェリー。1日にそのうち休暇村客船は平日は7便、大久野島と忠海港を往復している。

　午前11時55分、大三島フェリーが港に着岸

大久野島行きの船待合所と、併設されたお土産屋さん

すると、観光客が傘をさしながら、ぱらぱらと下船してきた。入れ替わりに、これから来島する観光客が乗船する。

待合所で購入した、310円の片道切符を持って、私も乗船した。

船室に行く前に、甲板に上って、どんよりと灰色がかった空を眺めた。その下の、漁船が数隻停泊している港の背後には、小さな山が連なり、麓には忠海の集落がこぢんまりと広がっている。

山の傾斜にそって、百軒ほどの家々が寄り添うように建っていて、どことなく〝物静かなお父さん〟のような雰囲気がする街だなと思った。

これは、瀬戸内海の島々にも共通する。〝気〟みたいなもので、ノスタルジックで、故郷に帰って懐かしむような、郷愁や安堵感のようなものが込み上げてきてしまう。

正午になると、船が離岸の準備に入ったので、室内へと身を移した。近くの席で、きゃっきゃとはしゃぐ女子たちが数名、「うさぎ、いっぱいおるんかね〜」と楽しそうに話している。

そういえば、『地図にない島へ』の主人公である13歳のさなえも、何も知らずに、ただ国のために尽くす「学校報国隊」として島へ動員された日は、船内で心弾んでいた、と書いてあったっけ。なにせ、陸軍大臣の許可を得たものだけが、上陸を許されたのだから。

15分の航行を経て、船は大久野島の第二桟橋へと接岸態勢に入った。

下船すると、まず目に飛び込んできたのは、海を背に左手にある待合所や、桟橋付近にいる外国人観光客たちだ。雨音のなか、耳を凝らすと、中国語や韓国語や英語が飛び交っている。なんて、グローバルな。

最近、猫島にも多くの外国人観光客の姿を見るけれど、彼らは、うさぎも好きなのか。人間の足元には、猫ほどの大きさのうさぎたちが、何羽といて、ご飯をもらうのに精を出していた。

まず、休暇村の宿泊所の送迎バスに乗り込んだ。

このバスは、船の発着時間にあわせて動いている。子連れの、おそらく台湾人の家族や女子学生グループも同乗した。

綺麗に整備された一本道をゆっくりと走っていくと、10分ほどで、「毒ガス資料館」前を通りすぎた。それからすぐ、休暇村のリゾートホテルに到着。乗客10名ほどが、全員降りる。

エントランスから中へ入って、レセプションでマップをもらうことにした。私は宿泊しないものの、レセプションは混み合い、ロビーには子連れの家族やご年配の団体さんがいる。

正直言って、瀬戸内海のこの規模の小さな離島で、これほど盛況な場所には、なかなか出会ったことがない。

　このホテルは、温泉もあり、地元の食材をふんだんに使った料理も出していて、アクティビティも充実している。休日を使って家族旅行するには、もってこいのロケーションなのだろう。

　マップを手にして、雨のなかさっそく島内を散策することにした。

　まずは、休暇村リゾートホテルから近い毒ガス資料館へ行き、それから島を半周ほどしてみる。天気が悪く、泥の水たまりが出来はじめているところもちらほら。晴天ならば、レンタサイクリングができるので、1時間あれば余裕で島を一周できるのに。

　のんびりと歩きはじめると、前方からうさぎがぴょこん、ぴょこぴょこ、と姿を現しては、近づいてくる。彼らも雨は嫌らしい。木々の下にじっと隠れて、人が通るときだけを狙って、姿を現す。

　鼻をひくひくさせて、愛らしい顔でおねだりしてくるうさぎに、

「ご、ごめんよ。島では、あなたたちの

フェリー待合所で雨宿りしているうさぎたち。観光客の周りに集まってくる

ご飯は売られてないみたい。忠海港で買ってこなくちゃいけなかったんだね……」と弁解する。

うさぎにしばらく見つめられ、気まずい空気が流れる。やがて、うさぎは、ご飯をくれそうな人間を見つけて、ぴょんぴょこ去っていった。

猫島でも、猫にご飯をあげている人の周りには、猫が10匹も集まっている光景はよく見かけるけれど、うさぎ島でも何ら変わらず、人参やキャベツをくれる人たちの周りには、うさぎが四方八方から集まってきている。

猫島は、これまで30島近く訪れたけれど、このうさぎ島のうさぎの数は、どの猫島も敵わないほど、やたらと多い気がする。

「そうですねえ、2013年に、ある調査団が数えたときは、700羽とカウントできたんですけど、自然繁殖で、今は1000羽くらいいるかもしれません」

と、レセプション係の男性が言っていたとおりだ。

これだけ観光客が多ければ、ご飯に事欠かないし、外敵もいなければ、繁殖力の強いうさぎは、あっという間に増えていくにちがいない。

左手に、さきほどバスから眺めた「毒ガス資料館」が見えた。ファサードを赤煉瓦づくりにしている資料館は、異国の美術館のよう。

戦争兵器として、実際に使用した毒ガス製造の史実がここに詰まっている。

19歳以上は100円、19歳未満は50円を支払って入館する。

そもそも資料館の建設は、1988年、竹原市およびその周辺の市町の元工員や動員学生が結成した、「大久野島毒ガス障害者対策連絡協議会」によるもので、初代館長も、元工員の人らしい。つまり、被毒者だ。

館長の話によると、当時、のべ6500人の工員・学生（女学生含む）がここに動員された。被毒者の数は、相当だったと推測する。

館内は資料室がひとつ。こぢんまりとしているものの、展示品の数は約600点あるらしい。

そのなかで、ひときわ目を引いたのは、茶

毒ガス資料館には、当時を物語る資料や道具が保管、展示されている

色いゴム製の防護服で、頭からすっぽり全身を覆われた人の展示。人といっても、まるでお手製の人形のよう。顔面には、水中メガネのようなものが付いたマスクをかぶっている。

その防護服の展示横には、「防毒マスク」が数個置かれていた。水中メガネと、口元から長い管が小さな箱につながっている一体型マスク。まるで、ガラクタでつくった象みたいだった。

資料室にある説明には、実際には防護服・マスクには、毒ガスが入り込んできてしまい、被毒していたと書いてある。

そりゃあ、そうだろうなあ。

薄っぺらな布やゴムで拵えていて、ＳＦ映画で観るような強靭なものではない。実に粗悪で、現在でいうならば、風邪を引いたときに薬局で買う綿マスクと、ほぼ同じようなものだ。

当時のことは、想像がつかないけれど、現代の私たちから見たら、こんなもので身を守れるなんて、微塵たりとも思えない代物だった。

それから、当時の工員の日記が綴られた手帳や液体毒ガスの製造装置、戦時中の写真など、一つひとつが、ずしりと重く胸にのしかかる。

館内では、撮影が禁止されている。見学しながらメモを走らせる。綴ったことを簡単に記す。

＊＊メモ＊＊

○世界では、ドイツが１９１５年に塩素ガスを使用、それにより１００万人が死亡した。その後１９１９年ベルサイユ条約、１９２５年ジュネーブ議定書によって、世界での毒ガス・細菌兵器の使用が禁止となる。しかし日本では、１９２９年から１９４５年の終戦まで毒ガスを秘密裡に製造、使用する。

○日本は、昭和恐慌と呼ばれる時代、陸軍の新工場建設の話が持ち上がると、各地で誘致をはじめる。１９２７年8月10日、忠海町が勝ち取り、大久野島での「東京第二陸軍造兵廠忠海製造所」建設が内定する。そのとき、島には10名が農耕をして暮らしていたが、全員島外へと強制退去させられる。１９２９年5月19日、毒ガス工場開設、祝賀会が行なわれる。大久野での毒ガス製造がはじまり、４種類の毒ガスが制式化する。

○毒ガスにはうさぎが実験に使用された。１９３３年、初の作業員殉職者がでる。そのとき、人間にもうさぎと同様の症状をきたすことが確認された。毒ガス工室には鳥かごを置き、ジュウシマツに室内の空気の汚れを探知させていた。

○1939年に旧満州に関東化学部（516部隊）をおく。731部隊と合同で、日中戦争の最中、「マルタ」と呼んだ中国人たちに毒ガス・生物兵器による人体実験をする。

○1941年太平洋戦争がはじまると、毒ガス生産はピークを迎える。島内に動員された作業員・学徒は5000人にのぼる。女子動員学徒は、毒ガス缶運びや風船爆弾の風船づくりを手作業でさせられる。

○作業員の手作業による工程は、防護服だけに頼っていた。13時間労働の昼夜交代制。ガス障害者の苦痛を綴る工員の手帳には、〈呼吸苦しくて、せき多く出て、せきのための発作的にひきつけ出来、困ります〉とある。

○戦後処理として、毒ガスは、海中投棄、焼却、埋蔵など。中国における遺棄問題は現在もつづき、今も被毒する中国人がいる。

メモ書きしているだけでも、さまざまな感情が滔々《とうとう》と押し寄せてくる。

後に、インターネットで、大久野島を取り上げた時事ドットコムニュースの記事を読んだ。高等小学校を出た優秀な卒業生で、島に採用された男性を取材していた。そこに、「島で寄宿舎生活をしながら、授業で化学式をたたき込まれ、工場で実習をこなすうちに『ここでは毒ガスを作っているのだ』と気付いた。」とある。

また、学徒動員として島に渡った女性の取材では、自ら被毒したものの、毒ガスが実際に戦争で使用されたことに、加害者としての意識を強く持ち、苦しんでいるとある。

戦時中において、みんなが国のために生きていたのだと思う。そのときは誰もが目の前のことに必死だったはずだ。戦争体験者ではない私が、この島で起きた史実をあれこれ批判することはできない。大事なことは、こういう資料館や証言する体験者たちの見聞を知って、未来に変えていくことだ。

資料館を後にして、島をふたたび歩きはじめた。

第二桟橋を通りすぎると、屋根のあるベンチに、一人の欧米人男性がうさぎを相手に座っていた。

さらに島一周道路を3分ほど行くと、発電所跡の入り口があった。短いトンネルを抜ける。

そこには、雨に濡れて濃い灰色に佇む、学校の廃墟のような建物が、少し威圧的に建っていた。

すべての窓は鉄の格子が張られているだけで、壁には緑のツタが這い、死と生のコントラストが際立って、鳥肌がたった。〝生きたいと願うのに、死にゆく体〟のようでもあった。

横に、子供を連れた家族がいた。

「うわー。なんだかオバケがでそうで怖い」

子供が率直な感想を口にする。母親のほうは、環境省が設置した説明書きを真剣に読んでいた。

この発電所は、毒ガスを製造するための電力を供給していたところで、1944年には、風船（気球）に爆弾を搭載した兵器〝風船爆弾〟の風船を膨らませていたらしい。風船に使う和紙をこんにゃく糊で貼りあわせる作業は、動員学徒の女学生が行なった。

発電所入り口のトンネルでもうさぎと出会える

戦時中、風船爆弾をアメリカ本土まで飛ばしたという話は、これまで何度か耳にしたことがあったけれど、それがここで作られたと言われれば、少し背中がゾクリとする。

ここは、桟橋から近いこともあり、観光客の出入りが多い。次々と人がやってきては、スマホで写真を撮り、去っていく。

あ、と思ったら、うさぎがいつの間にか足元にいた。人が来るところにはうさぎも来るのか、それとも不思議の国へでも誘おうって魂胆なのか。鼻をひくひくさせ、あどけない表情で首をかしげた。

雨は次第に強くなってきた。スニーカーはずぶ濡れで、重たい。中にしみ込んだ水を踏む感触が、ちょっと気持ち悪い。それでも、急がなくては。

国民休暇村には予約を入れていなかったので、夕方の便では忠海へ引き返したいと思っている。島一周道路は3キロ程度だけれど、なんとか、北側をぐるっとまわって、西側にある長浦毒ガス貯蔵庫跡を見ておきたい。

わくわくする島旅とはまた別の、知りたい！　見たい！　と思うそんな島であることは確かで、観光客のなかで私だけが、島一周道路をランニングしている！

タッタッタ。バシャ。タッタッタ。

やや起伏のある道は、小走りだと息がきれる。それでも、路上応援団が、ぴょこぴょこと顔を出しては、癒してくれる。

先に、火薬庫跡に着いた。

赤煉瓦造りの長方形の建物で、屋根は完全に落ちている。煉瓦だからか、急にヨーロッパあたりの遺跡に辿り着いてしまったような気がした。これは、芸予要塞時代に建立された要塞の跡地だ。

芸予要塞は、毒ガス製造よりも歴史は古く、明治時代後期まで遡る。1902年、日露戦争が始まる前に、敵艦船の侵入を防ぐために、大日本帝国陸軍がつくった要塞で、島内に22門の砲台が設置された。

火薬庫跡は、その弾薬や火薬を保管する場所であり、毒ガス製造時代には、化学兵器の製品置き場として利用されていた。

そう思うと、この島は日中戦争よりも前から長いこと、軍事拠点となっていたのだ。

それからまた走った。泥水の水たまりがところどころに出来ていて、それを避けるのも面倒で、そのまま走った。

終戦間近になると、毒ガスの詰まったドラム缶を、大三島などに大量疎開させるため、各所に貯蔵してあったドラム缶を、桟橋まで運ぶ作業がはじまったらしい。

それには、動員女学生たちも手伝わされ、貯蔵庫と桟橋を1日13往復と、決められたノルマをこなすため、全力で走らなければ間に合わなかったらしい。距離にして16キロ。

真夏、軍手で汗を拭おうとすれば、「おい、軍手で顔を触るな。危険だぞ!」と注意され、汗も垂れ流しながらの作業だった。なおかつ、ドラム缶から染み出た液体で、くしゃみが止まらなかったらしい。

もうすぐで、北部の長浦毒ガス貯蔵庫跡だ。

その手前に、芸予要塞の北部砲台跡があり、そのさらに前には「中部砲台跡地」へと、山の内部へと誘う看板がでていたけれど、どちらも、芸予要塞の跡地だ。

残念ながら、中部砲台跡地へ進むには、足元がぬかるんでいる山道を歩くため難しく、諦めてしまった。中部砲台跡地へ行く道には、「ひょっこり展望台」があって、360度開けた景色を眺望できる。晴れた日に、再訪しよう。

ようやく、前方に開けた海が見えた。

青磁色だった瀬戸内海は、暗い緑色になり、空はコンクリートみたいな色をしている。その先には、小さな無人島がぽかりと黒く浮かんでいる。

今日はとても、さみしげな瀬戸内海だ。

海を眺めてから、後ろを振り返った。

雨粒がだいぶ大きくなって、視界がちょっとだけ遮られる。目を凝らすと、巨人が大きな口を開けているみたいな、長浦毒ガス貯蔵庫跡があった。木々の中に開かれた迷宮への入り口のようにも見える。これが、どこかの王宮の遺跡だとしたら、さぞかしロマンチックだろうに。

おどろおどろしい巨人の大きな口に近づいた。コンクリートの壁面には発電所跡と同じように、ツタが這っている。

当時、貯蔵庫の手前には3、4メートルの小山が築かれ、コンクリートは黒・茶・緑などの迷彩柄が施され、海から見つからないようにしていたという。

貯蔵庫の屋根は抜け落ち、中の壁はすす色に焼かれていた。これは、戦後、GHQの指示で、毒ガスを火炎放射器で焼却処分した跡のようだ。

説明書きによると、

「1929年から製造された毒ガスは、主にイペリットとルイサイトでいずれもびらん性ガスと呼ばれ皮膚をただれさせる性質をもつ。生産量は、15年間で6616トンにおよぶと言われている」

この量を太平洋沖に遺棄したり、焼却したりするのは容易なことではないし、すべてがきちんと処分されたのか疑わしい。

毒ガス資料館には、2003年にも、中国のチチハルで、毒ガス遺棄の被害が報告されている。この島で起きた負の歴史は、まだ、終わっていない。

大学生くらいの男女三人が、明るいピンク色の傘をさしながら近づいてきた。無機質な色にのみ込まれそうな視界のなかに、その色がやけに映える。そこだけが、生命を宿しているように感じられた。

その光景を見て、数年前に、ボスニア・ヘルツェゴビナのサラエボを旅したときを思い出した。

1992年にボスニア紛争と呼ばれる内戦が起きて、街は戦場となり、多くの建物が破壊された。街中の外壁には、いたるところに弾痕があり、いくつもの建物は再建されることなく、時だけが経っていた。そこに、図書館跡があった。

紛争のさなか、セルビア人武装勢力により、美しい図書館は、一瞬で瓦礫の山と化した。その翌日から、瓦礫のなか、チェリストの男が正装して、22日間、演奏を続けた。彼の隣人が22人殺されたからだ。その演奏は、死の気配漂うサラエボの市民に、勇気を与えたという。

男女のグループは、巨人の大きな口の前で立ち止まった。

無言の時間が流れた。雨の音、波の音だけが、とくとくと流れる時間に従って、止むことがなかった。

桟橋に戻ると、二人の男の子がうさぎにご飯をあげていた。そろそろ忠海港行きのフェリーが大三島からやってくる。その時間に合わせて、多くの観光客が島を後にするようだ。

穿いているデニムがすっかり雨に濡れ、重い。近づいてきたうさぎの頭をつんつんとなで、「またね」と別れの挨拶をした。

ちなみに、戦時中実験に使われたうさぎは、戦後食糧難の際に全て食べられてしまったという話を、地元の人から聞いた。

実際、休暇村リゾートホテルのスタッフに話を聞くと、

「ここにいるうさぎは、広島県のとある小学校が6、7羽放って、それがあっという間に自然繁殖したものです」と言っていた。

巨人が口を開けたように、長浦毒ガス貯蔵庫跡が佇む

とはいえ、戦時中は、人間のために、多くの無辜《むこ》の命が消えていったのは事実だ。

「うさぎと遊びたくて島に来て、それではじめて『毒ガスの島』だったと知るお客さんもいるようです」とスタッフが続けて話してくれた。

今となっては、うさぎが人を招いているともいえる。今日も明日も、多くの観光客に癒しを与えてくれている。

ただここで、思いがけず過去の負の遺構に出会い、未来に同じことがあってはならないと思惟する人も多いだろう。この内省の旅もまた、うさぎが誘ってくれているにちがいない。

日本は有人島・無人島あわせて6852島が織りなす島国で、その一つひとつの島には、

一人旅の外国人旅行者も、うさぎに会いに来島するようだ

固有の風俗や文化、歴史がある。島は、言葉も違えば、思想も違う。それぞれがまるでひとつの小国のようなのだ。

なかには、大久野島のような、負の歴史を刻んだ島もあるということだ。

地図から一度消された島は、現在、世界や日本のあちこちから人が集まる島となった。これもまた、島の長い歴史に刻まれていくことだろう。

第五章

〈猫〉田代島 ―― 猫にまみれる旅

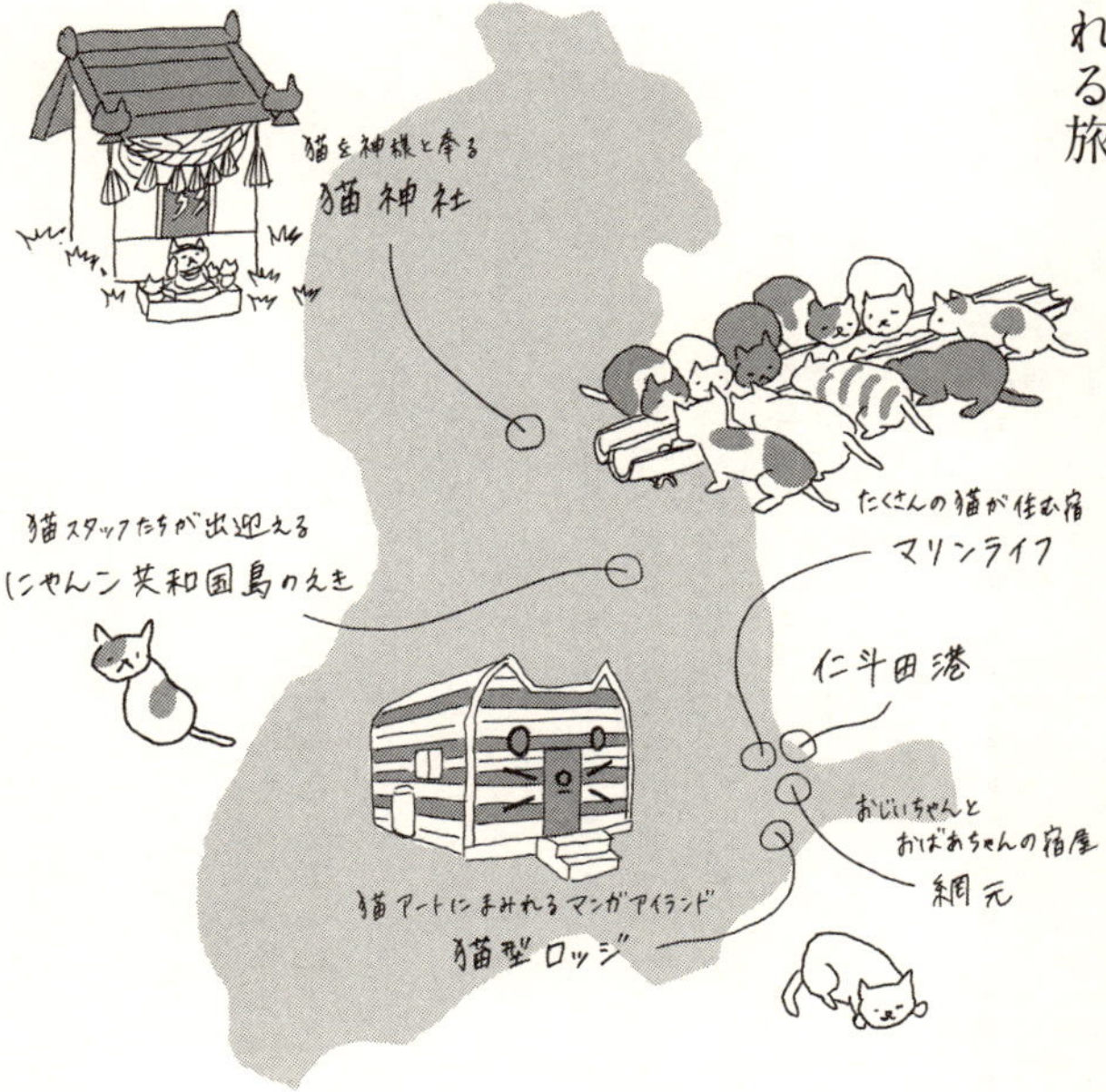

数年前は、旅の目的が猫だと言うと、家族や友人に笑われた。

「猫に会いに旅に出るの？　信じられない」

私も、10年前にそんな旅人がいたとしたら、みんなと同じように笑っていたと思う。ただでさえ、「旅が仕事のようなもので」と言うと、大抵は呆れられたのに、目的が「猫」だと言ったら、理解されるわけがなかっただろう。

それが、今や猫をめぐる旅というのは、ひとつのブームになっている。もちろん、猫好きの間では。だけど、猫好きではなくても、世の中では今、犬よりも猫を飼う人のほうが多くなったというニュースは、耳にしたことがあるんじゃないかと思う。

動物写真家の岩合光昭さんをはじめ、猫を愛でる写真家も、海外、国内を旅しては、猫の写真を撮っている。「猫旅」が、旅界なる領域で、世間的にメジャーデビューしたという気がする。

２０１１年末に、会社を辞めて世界放浪の旅に出向いたとき、私は今ほど猫好きではなかった。猫の写真や動画を見るのは好きで、仕事の合間によくネットサーフィンをしていたけれど、飼いたいと思うまでに至らなかった。

ひとつには、幼少期のトラウマ的な思い出がある。

私の亡き祖父母は三重県にいたので、小さい頃から高校生くらいまでは、毎年のようにお盆や正月のお休みに、祖父母の家に行っていた。その家が、今でいう猫おじさんと猫おばさんの家で、20匹くらいの猫がいつも集まっていた。

倉庫には私の背丈くらいあったカリカリ（エサ）の袋が、毎度どでんと積んであったし、「猫まんま」といって、祖母が、食べ残したおかずを白ご飯にまぜて、猫にあげていた。

幼心に、ガツガツと「ご飯くれや！」とやってくる猫たちが、怖かった。触ろうとすると、「ふぅー！」と威嚇されたし、ときには猫パンチをくらいそうになった。そしてご飯を食べ終わると、その輩たちは、「ごちそうさん」とも言わずに、毛繕いをはじめ、いつしか銘々どこかへ去っていった。

そしてまた、朝になると、彼らはやってくる。

私のなかで、猫は怖い輩だったのだ。

それが、どうしたというのか。

「あ〜ん。かわいい。かわいい。たまらにゃいよ〜」

だなんて、周りが一歩も二歩も引くほど、猫に夢中になってしまった。「シャー！」と牙を向けられても、猫パンチで多少手の甲から血が滴っても、めげずに猫を追いかけまわすようになった。

それは、私と猫の間で、ある日青天の霹靂のような出来事が起きたから、ではない。思えば、ゆっくりと心を奪われていった。長く一人旅をしているなかで、旅先にいる1匹の孤高な猫の姿を、なんとなく自分と重ねたくなり、一方的に心を寄せる存在となった。人間に甘え、目一杯媚びたと思うと、自由気ままに消えたりして人間を翻弄し、しなやかに生きる姿に、憧れに近い感情を抱くようになった。

そもそも、彼らは「自由でいよう」だなんて思ってもいなくて、存在そのものが「自由」なのだ。旅をする私の目指す在り方は、猫みたいになることだと思ったりもした。

だけど、そのときはまだ、猫に出会う旅をしようとは思っていなかった。猫がいれば、猫に触り、写真を撮り、飽きるまで一緒にいるだけでよかった。

それが、旅の目的のひとつと考えるようになったのは、猫のいる場所は、たいていその街が好きだと思えることに気付いたからだ。

猫のいる場所は、共通して穏やかな空気を街がまとっていて、それでいて、人も優しくて、居心地がいい場所であることが多い。また、私が都会よりも、ちょっと田舎っぽい街のほうが好きだというのもある。

都会の街中では、散歩に連れて行かれる犬はよく見かけるけど、猫にはあまり出会わない。猫が路上で、のほほんと寝ていたりするのは、郊外や小さな街、それに島なんかが圧倒的に多い。

日本に帰国して、猫をめぐる旅に出たのは、瀬戸内海の島がはじまりだった。小さな島々には、猫がわんさか暮らしていた。東京育ちの私には、猫が島の人口よりも多いなんて、想像がつかなかった。

そして猫を通して、海外と同じように、その土地の人とたくさん出会った。ときには、「うちでお茶飲んでいきなさい」とか、「夜ご飯はどこで食べるの？　さっき釣ってきた魚があるけん、食べてきなよ」とか、見知らぬ旅人を家にあげてくれ、地元の美味しい恵みを分け与えてくれた。そうして、延々と猫の話をしてくれるのだ。

そんな出会いは、その場所と自分をつなげてくれて、帰京したあともまだ関係が続いている。

一方で、猫がいる土地では、猫との共生がうまくいっているようで、実は猫が嫌いな人たちがいるのも事実だ。両者の間に見えない境界線があるのを、肌で感じることも多かった。

それでも、猫ブームが起こり、テレビＣＭでも頻繁に猫の姿を見かけるようになり、書籍も猫本が大量に出はじめ、猫グッズなる雑貨なども飛ぶように売れる時代が到来した。

「猫を見にくる観光客が増えたけん、それはそれでいいことや」

「観光客が猫にエサをあげるから、どんどん増えてこまる」

猫をめぐる旅に出る人が増え、地元の人たちそれぞれの感情も、沸点に達しようとしているところもあるだろう。

瀬戸内海からさらに足をのばし、日本のあちこちの島にも行くようになって、さまざまな猫が多く暮らす猫島に出会った。数えればきっと、30島くらいは、「猫島」と呼ぶにふさわしい島があった。

そのなかで、奇蹟的に猫と地元の人の共生がかない、猫は神様だと、大切にしている島がある。

猫に出会える日本屈指の島で、猫にまみれる旅もいい

ゴールデンウィークに、ミドサーの女子3人。

網地島《あじしま》ラインというフェリーに乗って、ふ～わん、ふ～わんと太平洋の大波に揺られている。

「まじ、もう、私、無理……」と船酔いで顔面蒼白のせっちゃん。

「大丈夫？　もうすぐで着くよ！」とニム。

「がんばって。猫いるかなー」と私。

女子中学・高校の幼なじみとの旅である。向かうは、宮城県田代島。猫好きの間では、超がつくほど有名な猫島だ。

石巻からフェリーで45分、ようやく田代島に到着した。せっちゃんが、一回宿で横になりたいと言った。

港には、予約した宿、マリンライフのご主人と奥さんがお迎えに来てくれている。サングラスにハンチング、白いシャツと、シェフのような格好をしたご主人が、車の荷台に我らの荷物を載せてくれた。

奥さんは、タンタンという、中国出身の可愛らしい人だ。

「じゃあ私と一緒に宿まで歩きましょう」

タンタンの日本語は上等で、ちょっとしたイントネーションの違いは、地方の訛りなのかと思っていたくらい。

船酔いのせっちゃんには申し訳ないが、すでに猫たちの姿があちこちにあって、目がいってしまう。来島したばかりの観光客は、ごそごそと、バッグから猫のためのご飯を取り出して、与えていた。

猫1匹にご飯を与えれば、あとは磁石に集まる砂鉄のように、猫たちがさささささーと吸い寄せられてくる。あっという間に、猫に囲まれ、まみれていく。

「わ、すごいね。あの人たちどこから来たんだろう」

好奇心旺盛で、生年月日が私とまったく同じニムが、指をさす。ざっと台湾、韓国あたりの観光客が多いだろうと思っていたけれど、欧米人も多い。

近くにいた外国人に声をかけると、

「私たちはカナダから。日帰りで来たの！」

「目的は？」

「もちろん、これ！」

肌の色が黒い、移民系カナダ人の女性が、猫の額をちょいっと突っついた。

今や、日本の猫旅、猫島ブームは、世界にも知れわたっているのか。ここまでグローバルだと、賑やかで楽しい。

「夜は、静かになりますよ」

そうタンタンが言うように、どこの島でも、夜は本当に静かだ。ここは本州からの音も、灯りも届かないだろうから、余計に静寂だろう。

石巻もそうだったけど、田代島も東日本大震災の傷跡がまだ残っており、港の復旧工事が続いている。その間を、猫たちがパトロールするように、とことこ歩いている。

マリンライフは、船が着いた仁斗田《にとだ》という集落の港から、5分くらい歩いて、階段をのぼっていった、見晴らしのよい場所にあった。可愛らしいガーデンは、タンタンが手入れをしているそうだ。

入り口では猫たちが数匹、オブジェのように、それぞれのお得意のポージングで、出迎

マリンライフの入り口は猫たちも我が物顔で出入りしている

えてくれた。

　宿のなかには、囲炉裏があり、重厚で上質な日本式の家具などが置いてある。

「ここを貸してくれた家の方の趣味なんですよ」とタンタン。

　縁側から続くウッドデッキは洋風で、和洋折衷のぬくもり溢れる室内が心地よい。

　家には、黒白柄のオス猫メイと黒白柄のハチワレ美人猫ミミがいて、この2匹は特別に、家と外の自由な出入りを許されている。

　タンタン夫婦は、田代島出身者ではなく、移住者らしい。もともと関東に住んでいたけれど、思い切って移住を決めた。ご主人がシェフだったので、美味しいご飯を提供する宿にしたかったそう。

　移住した年に、痩せ細って、風邪をひいていた仔猫のメイを保護して、タンタンは生まれてはじめて、猫との暮らしをはじめた。その後、宿の前で、母猫に育児放棄された仔猫のミミを保護して、この2匹は責任をもって育てることにした。先輩メイは、仔猫のミミを妹のように可愛がって、面倒をみたらしい。

　後に、田代島へ何度か来るようになったのだけど、よく島の人たちが、

「あそこで猫が生まれたよ」

「あの猫は見たことがないから捨て猫だろうか」

「あの猫はだれそれさんちの猫だよ」

というように、猫について話し合っているのを耳にした。タンタンが保護したのも、そういうふうに近所の人との話のなかで、痩せ細った仔猫がいることを知り、

「なんとかしなきゃ」と思ったらしい。

ここでは、猫は、ペットとしてというよりは、同じ人間の仲間として捉えられているような感じがした。

とくに、「あれは田代の猫っぽくないんだよね」という言葉を何度か耳にして、それはおそらく黒白柄の猫が島には多いからだろうけど、その微妙な違いを見分けるには、島の猫たちを常日頃観察していないとわからないはずだ。

同時に、それほど捨て猫が多いというのもショックだったけれど、それ以上に温厚なタンタンが、

「捨て猫置きに島に来るやつ、ふざけん

マリンライフの看板猫メイとタンタン。とても仲良しなふたり

な」

と男前な台詞を言っていたことも、驚きだった。

2階の部屋に入り、しばらく船旅の疲れをとろうと、三人でごろんと畳の上で横になる。猫をめぐる旅は、大抵一人旅が多いのだけど、今回、何気なく二人に、「今度、田代島へ行くんだ」と言うと、「どこそこ？ 一緒に行きたい！」と付いてきてくれた。三人とも、よく一人旅をしている者同士だから、気を使わず気楽でいい。

中学生や高校生のとき、まさか20年後にこうして、一緒に東北の島を旅するなんて想像もつかなかったけれど。きっと今から20年後も、またどこかを、一緒に旅しているだろう。そうだといいなと思う。

「よし、ちょっと歩こっか！」とせっちゃんが言う。

「お、大丈夫そう？ 行こう行こう」

がばっと勢いよく起き上がり、まずは、猫神社を目指すことにした。

周囲11・5キロの田代島は、観光名所といえば、猫以外に、猫神社があるだけ。ほかには、商店や休憩所、マンガアイランドというキャンプのできる宿泊施設があるくらい。

集落はふたつあり、ひとつはマリンライフがある仁斗田で、もうひとつは反対側の大泊だ。その間は2・5キロほど離れ、小山を越えるので、ゆっくり歩くと40分ほどかかる。

猫神社は、ちょうど仁斗田と大泊の間に位置する。集落を抜けて、森の中を20分くらい歩いたところらしい。

仁斗田集落には、猫がいない場所はないのではと思うくらい、猫に出会う。猫がぽつりといるときもあれば、10も20も集まっているところもあった。大抵そういう場所では、観光客がせっせとご飯をあげている。

閉店している商店の前で、欧米人のイケメン旅行者が一人で猫に囲まれていた。彼も、猫に会うために来島したのだろう。Tシャツからのぞくタトゥーの入った筋肉隆々の腕が伸び、優しく猫をなでる様子に、微かに心引きつけられた。

道の横で、よっこらしょと、休憩しているおばあちゃんがいたので、誰からともなく「こんにちはー」と声をかけた。

「猫が多いですねえ。昔からですか?」と聞くと、

「もちろん昔からいるわねえ。ネズミを獲ってくれるからねえ。一家にかならず1匹いたわよ〜」

島の時間の流れにあった、のびのびとした口調で教えてくれる。

最近、目覚ましい勢いで、〝猫島〟として観光地化している気がしたけど、思えば観光のために猫がいるわけではなく、この島では昔から猫がいることは、ごく当たり前だったのだ。

ほかの猫島もしかり。

両者には、付かず離れずの距離があって、猫が多くなりすぎもせず、人間が意図的に猫を減らすこともしていない。

だから猫の数が飽和して、猫同士がご飯を争って傷だらけの猫たちが多いわけでもないし、人と猫の関係性もまったくギスギスしている感じがない。

そういう島は、やっぱり穏やかで居心地がいい。世界で発見した、私なりの方程式がここでもピタリと当てはまった。

集落を抜けて、森の中を三人でゆらゆらとたゆたい、ときに猫隊に道を封鎖され、立ち止まり、戯れながら、ようやく猫神社に着いた。春から夏に変わる狭間の季節で、清々しい空気が流れる。木々の緑も、これからもっ

猫神社では、生ける猫神様に直々にご飯をお供えする

と、燃えるように濃くなっていくだろう。

森の道には、港で出会った多くの観光客はどこにいるのかしらと思うほど、人が少なかったけれど、どうやら猫神社にいたようだ。

想像以上にこぢんまりと小さな鳥居があり、その奥の小さな祠の前には、招き猫をはじめ、猫の人形や置物が整然と並んでいた。そして、本物の猫たちも境内にいらっしゃる。

猫神社の参拝が終わった観光客は、お賽銭の代わりに、生ける猫神様たちに、直々にご飯をお供えしていた。

この神社は、本当に、猫神様を祀っている。

案内板には、「島では昔から、猫は、大漁を招く縁起の良い生き物として親しまれ島民により奉られている。」と書いてあった。

日本で、猫を奉った神社はいくつかあるけれど、島がまるごと、猫を神様と思っている場所は、他にないと思う。

田代島は、明治末から大正にかけて、大謀網漁が盛んに行なわれていた。春の訪れとともに、島中が活気づき、浜では大謀網の設置に、みんな忙しく働きはじめる。その島民の疲れを癒してくれたのが、三々五々集まり寄ってくる猫たちだった。

ある日、浜でいかりを作るため砕石をしていたとき、その石片が飛び散り、猫に直撃して、瀕死の重傷を負わせてしまった。島では、古くから猫は、「大漁を招く」と大事にされていたため、当時大謀網の総監督だった人が、猫のために石造りの小さい祠を置き、猫を神様として奉ることにした。

それ以来、島ではオフィシャルに、猫は神様として大事にされることとなった。今でも、漁師たちは、初漁には鮪を供え、お神酒を献上して参拝するらしい。

生きる猫神様たちは、次から次へと参拝にくる人間のために、せっせと愛嬌をふりまき、必死でご飯というお供えを受け取っている。代わりに、惜しみなく、写真も撮らせてあげながら。

私たち三人のところにも、生ける猫神様がいらしてくれたけれど、お供え物がないとわかると、別の参拝者のところへ行ってしまった。次回から、必ずお供え物持参で来ようと心に誓う。

猫神社から来た道を通って、マリンライフに戻ることにした。その途中で、休憩所となっている「にゃんこ共和国島のえき」をぶらっとのぞくと、なかでは猫スタッフたちが観光客相手に、モデルをしてあげたり、猫じゃらしで遊んでもらってあげたりと、せっせと働いていた。

ここでは、カレーやうどんなどの軽食が食べられるし、持ち込みのご飯を食べてもよいことになっている。猫をモチーフにした雑貨や本、田代島オリジナルの猫Tシャツなどが売られていて、ちょっとしたお土産物を買うのにいい。

レジでは、島生まれ島育ちのサバトラ猫〝宗太〟くんや、島生まれ島外育ちで島通いしているキジトラ猫〝さばみそ〟くんが、番頭さながらかっこよく鎮座して、来る猫好きを喜ばせている。

さばみそくんのお父さん（人間）が、島のえき前の空き地でさばみそくんとお散歩する光景も、親子のようで微笑ましい。ここで働く人間スタッフも、猫好きばかりだ。

マリンライフに戻ると、ちょうど猫たちの夕飯が終わった後なのか、10匹以上の猫たちがガーデンに集まり、毛繕いに精を出してい

猫スタッフの宗太くん（左）とさばみそくん（右）に会える島のえき

た。それから、1匹、2匹と、丁寧に門をくぐって「またにゃん」と帰っていった。

「おかえりなさーい。ご飯は6時半でいい？」とタンタンに言われて、

「はーい！」と三人で声を合わせて応える。

部屋でふたたびゴロンと横になった。

「あー！　なんだか1日が長い！」

「猫が多い島って言っても、こんな多いとはねえ」

「すっごく、お腹空いた！」

会話が成り立たないのに、うんうんと相づちを打つ。まるで気ままな猫たちのようではないか。

ご飯はシェフのご主人がつくるだけあって、島の食材をふんだんに使った料理は、イタリアンやフレンチの要素が取り入れられて、繊細な味だった。豪快な島料理も好きだけれど、それとはかけ離れた洗練された創作料理で、まさしく舌鼓を打つ味だった。

満腹の頃、メイとミミが一緒にやってきた。タンタンにおやつのちゅ〜るをもらうらしい。仲が良いことに、1本のちゅ〜るを交互に、ミーアキャットのような立ち姿になって、順番にぺろぺろと食べている。

「明日の朝、7時に猫たちにご飯をあげるので、よかったら見にきて」

我らの朝食の前に、猫たちのご飯の時間があるという。朝7時に起きたらそのまま庭に出てみよう。

メイとミミが段ボールの中に入ったり、出たりして、お互いじゃれ合い、もつれ合い、そのうち飽きてそれぞれどこかへ行ってしまった。

食後は、3人ともぴったり息を合わせて、夜10時前には眠っていた。旅先は、ただ移動しただけでも五感をフル活用するせいか、1日の密度が濃く、夜ほっと一息ついた頃には、どどどと疲労感に襲われ、言葉のとおりバタンキューと寝てしまう。

朝7時、猫にご飯をあげる時間に起きて、下へ降りてみた。

猫たちの食事の準備をするタンタンと、まわりに集まる猫隊

するといる。

すると玄関の前には、すでに猫隊がずらりと横に並んで、にゃあにゃあと催促をはじめている。

「ご飯、ご飯、はやくちょうだい！」

そんな猫たちのシュプレヒコールは止まらない。猫はみるみる増えていき、催促の声は高まるばかり。

タンタンが厨房から、ステンレスの大きなボウルを持って出てきた。そのなかには、猫たちのご飯がこんもり入っている。食材で、お客さんに出さなかった部位などを使って、猫まんまを作っているらしい。

昔、私の祖父母が同じように猫たちにあげていた、猫まんま。当時は猫が怖かったけれど、今となっては、私が猫おばさんを引き継げたらよかったと思う。祖父母が立て続けに倒れ、間もなく猫たちは来なくなった。

あの猫たちは、他にご飯を貰えるところを見つけられたのだろうか。もう、20年以上も前のことなのに、胸がちょこっと痛くなる。

猫たちが、玄関で歓声をあげた。

「ごはーん！　ごはーん！」

タンタンが玄関を出て、竹を縦に真っ二つに割った容器をガーデンの芝生の上に置き、竹筒の内側に、猫まんまを均等に分けて入れていく。

猫たちは、横一列綺麗にならんでご飯を食べはじめた。その数、入れ代わり立ち代わり20匹はいた。

「おはよう～。あー、気持ちがいいね！」

遅れて起きてきたニムが、両手を空に突き上げながら、ガーデンにやってきた。せっちゃんは、まだ眠っているらしい。

島の朝は早い。太陽が地上に顔を出した瞬間から、人も猫も鳥も、地上の生命が動きだしているのを感じる。私も、思い切って早起きして、朝の海辺や集落をのんびりと散歩するのが好きだけど、同時に気持ちがよくて、いつまでも眠っていたいと思う。

ゴールデンウィーク中とはいえ、島の宿泊者数は劇的に多いわけではないから、朝も静かだ。

「さあ、みなさんの朝ごはんも準備するね」

綺麗に猫まんまがなくなった竹筒は、タンタンがガーデンの水場で綺麗に洗って、納屋にしまった。この作業を1日2回、毎日している。真冬の寒い日も、真夏の暑い日も、台風の日も。猫が生きている限り。

その日の午後の船で、せっちゃんとニムは東京に戻る。私は、田代島でもっと猫にまみれようと思って、もう一泊することにした。船の時間まで、三人でマンガアイランドという宿泊施設のある丘へと向かった。

「やばい、やばい、猫だらけ！」

もはや田代島では当たり前の光景なのに、やっぱり猫が同じところに20匹くらいいると、興奮する。そして、すでにいる観光客たちは、手持ちの猫じゃらしで猫使いとなって、猫にまみれている。

「ねね、あれ見て！　かわいい！」

せっちゃんが指さした場所には、猫型のロッジが数軒建っていた。赤白のボーダーや白一色で塗られた宿泊小屋は、猫の形につくられ、緑の丘に映える。

ここがなぜネコアイランドでなく、よりによって「マンガ」なのかというと、田代島の

なんとも斬新な猫型ロッジ

属する石巻市は、漫画好きにとっては聖地なのだ。『仮面ライダー』や『サイボーグ009』などを描いた漫画家、石ノ森章太郎が石巻にゆかりがあり、いつか田代島に暮らすことを夢みていたらしい。それが夢かなわず他界したことで、著名な漫画家が参加する「マンガジャパン」が支援して、このマンガアイランドを田代島にオープンさせた。

猫型ロッジの内装は、漫画家のちばてつやや里中満智子がデザインをしている。それぞれの内装は猫がテーマに絵が描かれ、猫好きにとっては猫アートにまみれることもできる場所となっている。

夏には、キャンプサイトも賑わい、猫たちも何食わぬ顔で、バーベキューに参加してくるとか。

丘に置かれたウッドテーブルのベンチに腰掛けた、ニムとせっちゃんの間には、猫がちょこんと座っていて、誰が人間で誰が猫なのかわからない気がした。

丘からは広大な海が広がって見えて、猫と空と海の構図が広角で視界に入る。猫島の天空の楽園のよう。

「マリンライフさん、空いてなくて残念だったね」

「ねー。でも、延泊を急に決めたから仕方ない」

「今日泊まる宿はどんなところだろうねえ」

私だけ延泊を決めたものの、マリンライフは、タンタンが翌朝から用事があり、島を出てしまうため、近くの民宿を紹介してもらって、泊まることになった。

「なんか、漁師さんの民宿って言ってたね」

「またご飯美味しいといいね」

「ねー楽しみ！」

もうすぐ帰る二人に、いいないいなと羨ましがられた。ふふふ、いいでしょう〜。なんて、私もちょっといい気分ではあった。

それなのに、二人が帰ったあと、その民宿「網元」に出向き、私は驚愕する。

マリンライフは和洋折衷という雰囲気で、洋風のガーデンに、室内のインテリアも瀟洒《しょうしゃ》で、洋風テラスがあったりと、オシャレだった。

打って変わって、網元は、昔ながらの木造2階建てで、随所に年季を感じる。

おばあちゃんが、「うちはマリンライフさんみたいに新しくないから。古いけど、まあゆっくりしてきなさい」と言っていた言葉のとおり。

『となりのトトロ』で、森の中の家に引っ越してきたメイが、屋敷の扉を開いた瞬間に、「まっくろくろすけ」がざざざ〜っとざわめいたように、網元の部屋の襖を開けた瞬間、目に見えない何かがざわめいた気がした。

だけど、慣れれば島のおばあちゃんちに民泊しているみたいで、宿泊者がいれば、一緒にご飯を食べながら旅の話なんかもできて楽しいと思う。

その日も、女性二人の宿泊者がいて、一緒にご飯を食べながら、「どちらから来たんですか？」とか「やっぱり猫目的ですか？」なんて会話が弾んだ。

ただ、おばあちゃんが出してくれるご飯に、殻つきシャコがでたときは、三人で白目を剝きそうになってしまった。

「か、殻つきのシャコって怖い！」

「虫みたいですよね……」

「どうやって殻を剝くんだろう？」

女三人を唸らせる海の猛者《もさ》。ネットでシャコの剝き方を調べ、勇気のある女子がシャコを剝きはじめる。

19時すぎにおばあちゃんが顔を出して、

「シャコ食べた？　もう、寝るから、食べ終わったらそこ置いておいて」と台所のほうを指さした。

シャコは高級食材とはわかっているものの、どうしても怖くて、食べるのにずいぶん時間がかかってしまった。しかし、おばあちゃんが良かれと思ったおもてなしの心を思うと、食べ残すのは忍びない。

この日もまた早く寝てしまい、朝4時頃に目が覚めた。ゴロゴロと寝返りを打って、眠ろうと試みたけれど眠れず、思い切って起きることにした。

昨日おばあちゃんが早寝をしたのは、早朝に漁に出るからだ。東北の朝は、初夏でも冷えるので、たくさん着込んで、港に向かってみることにした。

太陽がこれから地上に現れそうな空の色ではあるけれど、まだ仄暗《ほのぐら》い。外灯の少ない道を歩いて、港に出た。

そこには、漁師さんたちの姿が10名ほど。港沿いに停泊させた漁船のそばで、網を片付ける作業をしていた。

傍には、猫たちがぴたっと寄り添っている。

漁師さんが途中で、猫たちに魚を投げると、一目散に飛びついた猫が幸運を得て、どこかへ走っていく。その光景が何度となく繰り返される。

漁師さんたちのなかに、網元のおじいちゃんとおばあちゃんがいたので、近寄ってみた。

傍にいる猫が、ちらっと見てきたけれど、「ライバルではない」と認めたのか、おじいちゃんたちのほうに視線を戻した。

「おはようございますー。猫たちが来てますね」と言うと、

「昔はね、40匹くらい集まってきたんだけどよ」とおばあちゃん。

前は、観光客も少なかったから、猫たちはご飯をもらうために、朝からもっと港に集まってきたらしい。最近は、猫も早朝からがんばらなくても、日中に美味しいご飯にありつけることを学んだみたいだ。

「うちはねえ、昔から飼い猫も一緒に船に乗って、漁をしてたの」

「え、猫が船に⁉」

船に猫が乗ることは、昔から、「船が沈まない」とか、「大漁を招く」と考えられていたらしい。だけど、その猫ももう年をとり、乗らなくなってしまって久しい。

おじいちゃんが、急に私にこう言った。

「カネ、カネ、いぐか？」

お金？　頭の中で、ハテナが浮かぶ。今、宿代の精算を求められているのだろうか。よくわからず、「ハア」と曖昧に応えると、おじいちゃんがスクーターに乗って、ぶーんとどこかへ去ってしまった。

お財布を持ってきていなかったので、どうしようかなと思っていると、5分ほどで、おじいちゃんが戻ってきた。その手には、領収書ではなくて、黄色いライフジャケットがあ

った。

「ほれ、これ着て」

言われるままに、着てみる。

「じゃあ、乗って」

言われるままに、船に乗った。

「カネとるから」

やっと、カネと聞こえるのは、カニだとわかった。

この時期、カニがわんさか獲れるらしい。仕掛けた網を引き上げに行くということなのだ。

ぶ―――んとエンジン音が高鳴り、小さな漁船が出航した。

もう80歳近いのではと思うおじいちゃんは、網を仕掛けたポイントに着くと、次々と重そうな網の箱をひっぱりあげた。どこに、そんな力があるんだろう。

網の箱のなかには、こぶしほどの大きさの茶色いカニが入っている。表面がごつごつして、石のようにも見える。

「これはつくもガネ」と教えてくれた。

〝つくもガニ〟らしい。カニ味噌がとっても美味しい、このエリアでしか獲れず、市場に出回らない種類だ。

全部で20匹くらいになった。おじいちゃんは、目尻をしわしわにして、嬉しそう。今日の宿泊者には、つくもガニを出すのだろうか。

漁の間、地上にのぼっていた太陽が、ようやく分厚い雲の間から顔を出した。一気に、水面に光の帯ができて神々しく輝いた。

「もどる」とおじいちゃんが言った。

昔、船に乗って一緒に漁に出ていた猫は、この光景を毎日見ていたのだろうなあ。帰りの船で、ご褒美の獲れたてご飯をもらっていたのかな。

そんな想像をしたら、田代島の深淵に、一歩踏み込めた気がした。

でも、今日は猫の代わりに船に乗せてもらえたけれど、猫ほどに大漁を招くことができ

つくもガニを獲る網元のおじいちゃんと船で

たのか、ちょっとだけ気になってしまった。

空が白く、明るくなる。島の隅々が見えはじめる。おばあちゃんと、数匹の猫が、港で待ってくれている。

第六章 〈アート〉 生口島 ―― 瀬戸内海の元祖・芸術を巡る旅

日本で最初の国立公園に指定されたのは、雲仙、霧島と並んで、瀬戸内海である。江戸時代から明治時代にかけての19世紀、数々の外国人が瀬戸内海を訪れては、その広域にわたる多島美や、ヨーロッパにはない和の佇まいや原風景に、惚れ込んだらしい。

たとえば、ドイツの医師で、長崎県出島の三学者の一人、フィリップ・フランツ・フォン・シーボルトは、「日本でもっとも美しい原風景のひとつである」と賞讃している。

瀬戸内海については、すでに讃岐広島や大久野島でも触れているが、実はそういうことは、実際に旅するまで知らなかった。私が、初めてその島々を旅しようと思ったのは、世界放浪1年の旅から帰国してからだ。

地中海の美しいチュニジアに長く滞在していたせいもあって、

「日本の地中海は、瀬戸内海だって言うよね」

と、ある日、何気なく言われた友人の言葉に、心がうずうずとしてしまった。温暖な気候に、地中海と同じくオリーブの島もある。

当然、瀬戸内海といえば、福武財団が展開している、瀬戸内国際芸術祭（通称セトゲイ）

が開催されているアートの島々、たとえば直島《なおしま》や豊島《てしま》などがあることは知っていた。オリーブの島、小豆島《しょうどしま》もそうだ。

あてもない放浪の旅もよかったけれど、目的をもった旅もいいな。それも、島旅だ。

「そういえば、瀬戸内海は、猫がたくさん暮らす島が多いらしいよ」

それが決め手となった。すでに世界あちこちで、猫に出会っては写真を撮るのが、私の旅スタイルになっていた。

2014年初夏に、初めて瀬戸内海へ、「アートと猫をめぐる旅」に赴いた。

向かった地域は、香川県の島々ばかり。猫が多いと友人から教えてもらった高見島、佐柳《さなぎ》島、小手《おて》島、手島、讃岐広島とめぐり、それからセトゲイで有名な直島、豊島、犬島（岡山県）とめぐることにした。

2010年にはじまったセトゲイは、3年に一度開催される。私が行こうと決めたときは、開催期間中ではなかったけれど、有名な美術館は年間ほぼ開館しているし、屋外に点在する美術作品は、いつでも観ることができる。

初めてだし、あまりに人が多いよりはいいかな。

セトゲイ開催期間中は、国内外から多くの観光客がやってくるため、普段静寂な島々も、人でごった返すらしい。臨時便の船でも、積み残しがでるほどだとか。

結果的に、世界でも、アートの島として名を馳せるようになったセトゲイの島々は、開催期間中ではなくても、期待を裏切ることなく、素晴らしい現代アーティストたちの作品群で楽しませてくれた。

一方で、海外旅行者の多さに圧倒されてしまった。島内では、日本語よりも、むしろ各国の言語が飛び交っていたかもしれない。もはや、異国の島のよう。

直島の、安藤忠雄の建築した地中美術館や、そこに展示されているクロード・モネの睡蓮、空家を芸術作品に仕上げた家プロジェクト、大竹伸朗が手がけた直島銭湯I❤湯、豊島の横尾忠則のアートをそのまま美術館にした豊島横尾館、犬島にある建築家の三分一博志と現代アーティスト柳幸典が構築した犬島精錬所美術館など、観たいと思ったものは、どれも芸術的で、島の本来の美しさと融合していた。

さらには、今まで知らなかった現代アーティストたちにも、作品を通してたくさん出会えた。

同時に、その島旅では、セトゲイの開催されていない島にも、小さな、素朴なアートがあると知ったことも、大きな発見だった。

たとえば、人口50人ほどの小手島は、島そのものがアート。といっても、高齢者の多い島の人たちがつくったアート作品で、草陰に、家の塀の上に、坂道の壁に、丘を登ったところの展望台にと、点在している。味があり、ぬくもりがあって、歩いているだけで癒された。

セトゲイ開催中だけアート作品が展開される高見島でも、期間外は観光客がほぼいないため静かで、だけど、江戸時代につくられた集落の石垣群は、歴史を感じさせる古さが漂い、城塞を思わせる芸術的なものだった。

それに、噂のとおり、のほほんと穏やかに暮らす猫たちが島には多く、人を警戒しない、可愛らしい猫に出会えるのは、心躍るひとときだった。

とくに嬉しかったのは、アートの島々には、猫が多かったという発見だった。そもそも、「アートと猫」は、なんだか似合う。画家に猫、建築家に猫、作家に猫というイメージが、私に強くあったせいかもしれない。

アートをめぐっていると、よく猫に出くわした。そして、猫と戯れていると、島の人に声をかけられた。

島の人たちは、旅人に、島の豊かな恵みや知恵をお裾分けしてくれた。

私はまた、ここに戻ってきたいと思った。だけど、すぐには戻れないから、「また会いに行きます」とハガキを出した。

瀬戸内海の島と自分が、こうして、くるくるつながりはじめたんだと思う。

これは、世界放浪をはじめ、旅の間に起こる「良い意識の広がり」と、私が感じている連鎖だ。「良い旅」は、こういう「良い意識の広がり」が起きることだと、私は思っている。ただし何も特別ではなくて、日常のなかに存在する、ささいな瞬間に、この良い連鎖は生まれてくる。

たとえば、いつもと違う道でスーパーに買い物に行く。そうすると、可愛いカフェがあるのを知る。

中に入って15分だけ珈琲を飲んで休憩してみることにした。すると、美味しそうなレモンタルトがあって、注文してみる。

「これは、どこのレモンですか？」と店員に聞くと、

「生口島のレモンです」と教えてくれる。

「イクチジマ？」

そこが、セトナイカイにある島だと知る。へえ、瀬戸内海か。

あの、日本の地中海とたとえられる、穏やかな海を思い浮かべる。

どんなところかしら。幾重にも島が重なって、船が島陰から現れたり消えたり、行き交っているのだろうか。島中に、黄色いレモンが鈴なりに実って、爽やかな香りがするのかな。

こういうふうに、日常のなかで、いつもと違う道を行ったことで、知らない島へとつながってしまう。わざわざ本当に生口島へ行かなくたって、こんな意識の拡張が「旅」のはじま

りではないかと、私は秘かに考えている。

話を戻す。

「アート×猫×島」とはじまった私の島旅は、さまざまな「良い意識の広がり」を生み出して、世界的に有名なセトゲイの島々以外にも、名も無き素晴らしいアートが、小さな島々に点在していることを知った。

そうして、気付くと、今日も私は、「ひーはー、ひーはー」と息を切らしながら、自転車にまたがって、意気揚々と島の中を走っていた。

そこは、レモンの名産地で有名な生口島。サイクリストの聖地とも言われるしまなみ海道が通る、瀬戸内海芸予諸島のひとつだ。

しまなみ海道は、本州の広島県尾道市と四国の愛媛県今治市を、芸予諸島の島々に橋をかけて結ぶことで開通された、

瀬戸内海の島では、レモンが鈴なりに実っている光景に出会う

西瀬戸自動車道だ。広島県側の島は、尾道側から順に、向島《むかいしま》、因島《いんのしま》、生口島。その次から愛媛県になって、大三島、伯方《はかた》島、大島、馬島。そして、四国本土の今治へと結ばれる。

その島と島にかかる7つの橋は、周辺環境との調和や造形美に配慮されて、斜張橋、吊り橋、アーチ橋など、それぞれ異なる。

1999年にすべての橋が開通して、しまなみ海道は総距離にして約60キロ、途中の島々へ降りていくと、さらに距離は伸びて80キロくらいになる。

私のように、普段自転車に乗らない人にとっては、かなり覚悟のいることだけど、サイクリストたちには最高のロードだろうと思う。

「世界各地から、マイバイセコーを持って、サイクリングにきますわ」

しまなみ海道の観光や地域活性を目的に展開する、一般社団法人しまなみジャパンの理事である合田省一郎さんが言っていた。

合田さんは、しまなみ海道で、サイクリングだけではなくて、「しまなみ婚」もやりたいらしい。

しまなみ海道を舞台に、結婚する2人に、サイクリングをして、島々の見所をめぐってもらい、式を神社などで挙げるという、2人の人生初の二人旅をここでしてもらいたいとか。

「しまなみ海道はね、橋がむっちゃ美しいんですよ」

合田さんが言うように、しまなみ海道にかかる7つの橋は、世界屈指の美しい造形をした橋ばかりだ。

とくに、愛媛県の今治から大島にかかる来島《くるしま》海峡大橋は、世界初の3連吊り橋で、全長は4キロを超える。大島の亀老《きろう》山にある展望台からは、美しい3連吊り橋の全貌を一望することができる。

既にセトゲイの島々をめぐった経験があったせいか、その雄姿を初めて見たとき、現代アートの最高傑作じゃないかと思ったほどだ。誰の作品というわけではないけれど、自然に挑戦した人間の表現作品。

やさしく凪ぐ瀬戸内海で、潮の流れが激しい来島海峡の上を、橋は雄大に、それでいて溶け込むようにそっと、かかっている。

前に、しまなみ海道のとおる愛媛県の大島から、小さな定期船に乗って、津島を旅した。人口10人ちょっとの小さな島。猫のほうが圧倒的に多かった。ほとんどの空家が朽ちて、自然に還っていく途中だったけれど、それはそれでとても美しい光景だった。

夕方になって、津島の自治会長である藤沢豊彦さんが、来島海峡大橋が一望できる場所へと案内してくれた。目の前には、視線の高さに、島がぽんぽこ浮いて見え、その上にバランスよく定規をのせたように、橋がかかっていた。

橋にはいくつか支柱が立ち、そこから左右に張られたケーブルは、遠くから見ると、線画の山脈みたいだった。

「どうや、かっこええやろう?」

70歳を超える自治会長の、〝ココ最近〟のお気に入りのご自慢スポットなのだろうと思った。

宿のない島だからと、戦後すぐに建てられたという、レトロな公民館を使わせてくれ、お風呂はうちで入りなさいと、夜、自治会長の奥さんが呼びにきてくれた。

お風呂には、黄色いボールがいくつか浮いていた。

よく見ると、大きなレモン。1個、2個、3個と数えていくと、全部で10個もあった。

「ぜいたくだな〜」

宿のない津島で、レトロな公民館を使わせてもらって一泊

お風呂に浸かりながら、レモンをなんとなく横に並べてみるけど、ぷわーんと、自然と離れていく。

「島みたい。あ、レモン諸島ができた」

ここに、レモン大橋がかかったら、面白いのに。

1個レモンをとって、固い皮の表面を親指の爪で押してみた。そわそわと、柑橘系の芳醇な香りが、湯気にまざっていった。

ああ、ホンモノの香り。明日の朝、レモンの木を奥さんに見せてもらおう。

生口島は、レモンの島と言われている。瀬戸内海は、風土的に、どこも柑橘類が多く実るけれど、国産の島レモン発祥の地は生口島で、遡ること明治時代から栽培がはじまって

観光案内所で瀬戸田レモンを配る島のお母さんたち

いたらしい。

尾道からフェリーに乗って、生口島の瀬戸田《せとだ》という集落の瀬戸田港に向かった。港からてくてく15分ほど、昭和のノスタルジックな〝しおまち商店街〟を歩く。

黒猫が2匹、目があうと、「にゃー」と人懐っこくやってきて、足元にすりすり体をこすりつけてきた。

商店街中程をすぎたところで、岡哲商店があった。「コロッケ　揚げたてほっくほく」という旗が掲げてある。商店のファサードに、ぺたぺたと黄色い紙が何枚も貼られてあって、さまざまなメディアで取り上げられたとか、有名人のだれそれが食べたなど、アピールしていらっしゃる。

「おばちゃん、ひとつ！」

ぴゅーっと自転車が止まって、島の中学生か高校生くらいの男の子が買いにきた。どうやら地元の人にも人気のようだ。

「はいよ」

おばあちゃんの手が、店内からにょきっと出てきた。少年は、自転車にまたがったまま、コロッケを受け取ると、また、ぴゅーっと走っていった。

商店街を抜けて、左のほうへと歩いていくと、瀬戸田町観光案内所がある。そこで、島のお母さんたちが、レモンキャンペーンガールをしていて、私にもレモンマスコットをくれた。

それから、観光案内所でレンタサイクルを借りることにした。

しまなみ海道の島々には、こうした自転車貸し出し所があって、保証金を払って、同じ場所に戻すならば保証金は戻ってくるが、たとえば生口島からほかの島まで自転車で行って、その島で返却する場合、保証金は戻ってこない。ただし、そうやって乗り捨ては可能なのだ。

ひとまず保証金1000円と、1日貸し出し料金1000円を払って出発した。

瀬戸内海のアートは、今でこそ、セトゲイがもっとも有名だけど、それより前からアートを展開していた先駆け的な美術館などが、生口島にはある。

まず、現代アーティストが島の好きな場所で、好きな作品をつくって設置した17作品を総称している「島ごと美術館」というものがある。

「瀬戸田ビエンナーレ」という世界一小さなアートプロジェクトによって、1989年から開催された。多くの作品は、瀬戸田地区か、垂水地区のサンセットビーチに設置されている。

まずは、瀬戸田をぐるっと自転車で走ってみることにした。小さな集落なので、自転車よりは歩いてもいいくらいだ。

瀬戸田には、島ごと美術館の作品は4つあったけど、特に印象的だったのは、室内楽専用のホールとして建てられたベル・カントホールの中庭に設置された、西野康造というアーティストの作品、「風の中で」。

ステンレスの針金で作られた、木管楽器のサクソフォーンの巨大なオブジェだ。島中で、オーケストラの美しい音楽が聴こえてきたら素敵だなあと思いながら眺めていると、風のざわめきや波の音、鳥のさえずり、人の声が、このサクソフォーンから聴こえてきた気がした。きっと、それが島中でわき起こる音、島の音楽なのかも。

瀬戸田には、ほかにも決して見逃してはならない元祖アートがある。

平山郁夫美術館と耕三寺《こうさんじ》だ。

平山郁夫美術館は、名の通り、瀬戸田に生まれた、平山郁夫という画家の作品を展示している美術館だ。東京芸術大学の学長を長年務めていた人なので、芸術方面に精通してい

平山郁夫美術館入り口

る人にとっては、有名な画家であり教育者だと思う。私は、彼の作品を初めてここで観た。

彼の絵は、瀬戸内海の色彩と、情緒、愛があふれていて、一度瀬戸内海に心を奪われた人ならば、きっと心揺さぶられるものだと思う。生まれて暮らしていたからこそ、見える視点がある。まだまだ、私の知らないアングルがたくさんあった。

なかには、私も眺めた、大島の亀老山や津島から見る、来島海峡大橋の全景を描いた絵があった。海の青さと島の緑、橋の白、黄昏色の空のコントラストが、ノスタルジックで、幻想的だった。

絵のキャプションに『天かける白い橋　瀬戸内しまなみ海道』とあって、

「愛媛県の大島と今治を結ぶ来島海峡大橋は、小島を3つほど、ぽんぽんと跨いで橋が架けられている。飛石を行く夢の橋となっている。急流の来島海峡は凄い流れで、海流速度を示し船舶に知らせている。青い海に、緑の島を縫って白い橋が大島から今治に結ばれる姿は、神話の物語が、夢が、現実に出現している。（平山郁夫）」

と書かれてあった。その神話の世界にいるような感覚を、私も現実に追体験したことで、共感をおぼえた。きっと、津島の自治会長も、しまなみ海道が完成したときは、「夢の橋」だって思ったに違いない。

平山郁夫は、若い頃から数々の賞に入選していたが、1959年の「仏教伝来」で、日本画家としての転機が訪れた。

そして32歳でヨーロッパに留学している。その後もアフガニスタンや中央アジアに150回以上、シルクロードと仏蹟の取材をしている。

「敦煌《とんこう》A」という、中国の敦煌の、莫高窟《ばっこうくつ》が鳴沙山《めいさざん》という砂丘と三危山《さんきざん》という岩山に包まれている絵があった。

私が20歳のとき、初めてアルバイトして貯めたお金で、バックパックを背負って、このシルクロードを辿る旅をした。敦煌の鳴沙山で、目の前に広がる砂漠の美しさに泣いたのを懐かしく思い出した。

こんな色をしていたっけ。たしかに、砂がさらさらして、キラキラして見えた。黄金色に光る世界が、とても慈悲深く見えて、これが仏教の世界観そのものなのだ。と、平山郁夫の絵を観て、やっと会得した気分になった。

それから絵と目があったのは「亜羅比亜《あらびあ》の翁」という作品。イラクのシャット・アラブ河の先にあるフッドという集落で、アラブ人の長老を正面から描いたものだ。頭に布をかぶり、怒っているのか、微笑んでいるのかわからないような、しわの多い顔。

こういう人たちに、私も旅先で多く出会った。彼らは、たしかにこういう、なにか背後まで見透かすような、深い眼差しをしている。

平山郁夫美術館には、それ以来、3回は観にきている。なんだか、島にいることさえ忘れて、遠い異国へと、旅に出たような感覚がして、たまらなく好きなのだ。それに館内は観光客も多過ぎず、静かでとても居心地がいい。

それから美術館を出た向かいには、耕三寺がある。

実は、初めて生口島へ来たときは、外観だけ覗いて入らなかった。平山郁夫美術館でお腹がいっぱいになったせいもあるし、「有名な日本建築を真似てつくられたレプリカばかりのお寺」という噂を聞いて、あまり興味が湧かなかった。

だけど、2度目の来島で行ってみることにしたら、やっぱりそこが島だと忘れてしまう

平等院鳳凰堂を模した耕三寺本堂は、本家よりも鮮やかで華やか

ほど、異国情緒にあふれた場所で、建築群の芸術性の高さに、心底驚いた。まるで、中国の宮廷みたい。と思えば、イタリアかギリシャの遺跡みたいで。

耕三寺は一言でいうと、奇抜なアートの寺である。だけど、歴とした浄土真宗本願寺派の仏教寺院だ。

大阪で、大口径特殊鋼管の製造会社を経営していた実業家の金本福松が、故郷に暮らす母の安息の居として、昭和2年に別邸「潮聲閣《ちょうせいかく》」を建てたのがはじまりらしい。孝養心が強く、母の死後、福松は母の菩提《ぼだい》を弔うために、耕三寺耕三《こうぞう》として僧籍《そうせき》の道へ入った。そして翌年、昭和11年に耕三寺を開山して、寺院の伽藍建築がはじまった。

彼の思いは、単に自分の母に対する感謝の現れにとどまらず、すべての子が母に、感謝の心を現す場所になってほしいと考えていたそうだ。

亡き母への愛と感謝の結晶といえる寺院は、30年余をかけて建てられていき、見事日本で唯一の、奇抜で美しい仏教寺院芸術が仕上がった。それらの多くは、噂のとおり、数々の有名な日本仏教建築を模している。

たとえば、メインゲートの孝養門は、日光東照宮陽明門を模していて、「西の日光」と呼ばれるくらいに似ている。

きっかけは、耕三寺を参拝した人々が、極彩色の堂塔を見て、「まるで日光のようだ」と言ったのを機に、耕三師が文部省に問い合わせ、日光東照宮陽明門の実測図面を取り寄せた。

さらに了承を得て、工匠を日光東照宮へ何度も派遣して、10年の歳月をかけて原寸再現したのだ。

木組み、寸法は陽明門と同じだけれど、実際に見てみると、少し違和感を覚える。日光東照宮に行ったことがあるけれど、なんとなく記憶しているよりも、柱の浮彫刻や、淡い繊細な緑の色使いの扉、華やかな朱色で塗られた柱、マットゴールドな金具をあしらった装飾など、より華やかというか、デコラティブというか。

これは、耕三師が、陰陽道に強い影響を受けている日光東照宮に、仏教様式を融合させ、原作の装飾は気にせず、それより華麗に、荘厳な仕上がりを意識的につくっているからだ。だから耕三寺の仏教伽藍建築は、模倣作品に終わらず、充分に独自性を極め、芸術的になっている。とくに回廊は、映画のセットではないかと思うほど煌《きら》びやかで、かつフォトジェニックだ。

また、本堂は宇治平等院鳳凰堂を模している。これも、実際の滋味溢れる平等院鳳凰堂よりも、はるかに、色彩豊かで、装飾も華やいでいる。

ほかにも、仏宝蔵は新薬師寺本堂を、銀龍閣は慈照寺を、五重塔は室生寺五重塔を、などと模したものが随所にある。

なぜ、これほどに真似るのかというと、耕三師には強い思いがあった。

故郷をはじめ、多くの人がもっと気軽に、国宝や重要建築物、重要美術品を鑑賞できる場をつくり、芸術や美術文化の普及をめざしたかったのだ。それには、日本中の有名な仏教芸術を1カ所に集約する必要があった。

結果的に、1万5000坪におよぶ境内は、めくるめく国宝級の建築群を模した仏塔や社殿のオンパレードとなった。耕三寺は、入り口の門構えから豪華絢爛《けんらん》で、とくに柱の装飾や浮彫刻群は見応えがある。

「模した」というと、少し抵抗はあるものの、それを耕三師の意図した芸術であると考えれば、まさに美の世界だと思う。

太平洋戦争を挟んでも、建築を続けて拡大していったらしい。新生の時代を駆け抜けていった、現代アートの先駆けだなあと畏れ入る。

しかしながら、ワクワクドキドキする耕三寺独特の見せ場もある。

千仏洞地獄峡だ。約350メートルの地下洞窟で、霊場らしい。仏教世界の地獄と天国を表現しており、ひんやりと冷たい地下道は仄暗く、ごつごつとした洞窟内の岩肌には、名前のとおり1000体程の仏様が置かれている。

ぞぞぞー。

思わず、前を歩く団体にくっついて、一人になるまいとしてしまった。

おどろおどろしい雰囲気のなか、1000体程の仏様の間をすり抜けていき、途中から地下道両側には、人間が火にあぶられたり、体を串刺しにされたりしている地獄絵図が描かれ、目を覆いたくなる恐ろしい空間が広がる。

その後、地獄絵図は、私たちが今生きている「人間道」に移る。そこには、「生まれる苦しみ」「老いる苦しみ」「病気の苦しみ」「死ぬ苦しみ」が描かれ、生まれてから死ぬまで、私たちの「人生」って修行なのだなと考えさせられる。

やがて人間道は、天国絵図に変わり、仏様の世界に誘われる。

350メートルの霊場を歩きながらに、仏教の世界観を学べるという、殊のほか有り難い場所である。だけど、はっきり言って、一人で行くのは勇気がいる。狭い、暗い、怖い絵があるという三難に立ち向かえる人は、ぜひ。

さて、耕三寺の見所をもうひとつ。

千仏洞地獄峡の出口は違う場所につながっている。そこから少し戻るように、北側の丘の方へ向かうと、「未来心の丘」という芸術作品がある。

丘には、エレベーターに乗って上にあがる。扉が開くと、目の前には白い遺跡のような巨大な丘が広がる。

5000㎡程の敷地に、約3000トンのイタリア産大理石でつくられた丘。そこに、さまざまなモニュメントがつくられている。

この丘のすべては、広島県出身の彫刻家、杭谷一東《くえたにいっとう》が設計して、制作したものらしい。自然空間と彫刻を融合させる環境芸術をテーマに、イタリアで活動している杭谷に、2代目住職の耕三寺弘三が依頼した。

行ったとき、雨が降っていたので、真っ白な大理石はやや灰色になり、足元はつるつる光沢を帯び、どんよりとした空の影を映し出していた。無秩序のように図られた、ゴロゴロと置かれた大理石の塊は、どこかの国で見た遺跡のようで、幽玄的な雰囲気が漂う。

私をとりまく白一色の世界。千仏洞地獄峡とは違う、神秘的な感覚に、ぞわぞわと鳥肌が立った。

未来心の丘のモニュメントは、仏教の世界を守護する仏様、十二天をモチーフにしているらしい。エレベーターから上がってすぐ、猫のモチーフがあってテンションが高まったが、これは天猫という月天を望む猫の守護神。

丘のもっとも高いところには、天からのパワーが集まってきそうな、光明の塔がそびえ立つ。

耕三寺の境内が仏教芸術だとしたら、未来心の丘は現代アートだ。どちらも肌で体感しながら、作者の意図や作品のテーマを感じることができる。

　丘の上から、瀬戸内海と瀬戸田の集落を見下ろした。和の佇まい、人の気配に、ほっと安心した。海外の遺跡にいるみたいだけど、ここは日本の島なのだ。


　自転車で、瀬戸田地区からえんやこらと垂水地区のほうへ向かう。右手に瀬戸内海を見ながらなので、気持ちがいい。

　垂水地区は、「レモン谷」と呼ばれてきた場所で、この地区を中心にレモンブームがはじまった。そして、昭和38年に生口島は、日本一のレモン生産地となったのだ。安心、安全、皮ごと食べられる「エコレモン」として、環境保全型農業推進コンクールにおいても優

遺跡のような「未来心の丘」から瀬戸田の集落と瀬戸内海を望む

秀賞を受賞している。

途中、集落のなかを走ってみると、レモンがたわわに実っていた。トラックの荷台には、めいっぱいにレモンの入ったカゴが何個も積み重ねてあった。

このレモンたちは、これからどこへ旅立つのだろう。国内か、海外か。どこにせよ、良い旅を。

やがて、島ごと美術館の作品が見えてきた。海の中で、白い羽がくるくる風車みたいにまわっている、新宮晋というアーティストの作品。タイトルは「波の翼」で、風によって波がたち、波によって白い羽がまわりながら羽ばたこうとしているように思えた。

島は360度海に囲まれている。地元の人は、よく風と波を気にする。船があるからだ。雨や雪でも気にしない。もっとも気にする自然の相手は、風と波だということを、島旅をするようになって知った。風を読み、波に乗って、島から外界へ出ることを、暮らしの一部としてきたからだろう。

それから垂水天満宮を過ぎて、サンセットビーチに到着した。

ビーチには、ピンク色や白色の貝殻がたくさん落ちている。貝殻拾いが好きで、しばらく夢中でピンク色の桜貝を集めていたら、背の高い塔が見えた。黄色のティーカップを5つ縦に重ねたオブジェで、これも島ごと美術館の「空へ」という眞板雅文の作品だった。

ほお〜と眺めていたら、女子同士の観光客が、慣れたポージングで作品と一緒に撮影をはじめた。きっと、インスタグラムにでも載せるのだろう。

アートめぐりは、もはやリア充女子たちの象徴なのかもしれない。

ふと、遠くを見ると、巨大なメガネみたいなオブジェがある。それも、島ごと美術館の作品のひとつらしい。

近づくと、青色の背の高いメガネは、「千里眼〝のぞいてみよう、瀬戸田から世界が見える。〟」という松永真というアーティストの作品だった。

ここから世界が見えるのか。なるほど、たしかに。

瀬戸田をはじめ、生口島をめぐる旅で、私

黄色いカップの「空へ」と、遠くに見えるメガネの「千里眼」

は瀬戸内海を、日本を、世界を、のぞいたような気がする。それは、レモンや猫で、耕三寺で、平山郁夫の絵画で。足元の場所から、ぐーんと、視点は遠くまでのびて、世界まで広がっていった。そして、世界を旅していた自分の姿も、探すことができた。

こういうふうに、あちこちに点在する島ごと美術館は、必死に探すこともせず、自然と目に入ってきたし、島にすんなり溶け込んでいる様が絶妙で、心地よかった。

耕三寺や島ごと美術館にしても、生口島のように、セトゲイよりも遥か昔から、芸術志向の強い島があったのだ。

決して有名なアーティストではないのかもしれないけれど、瀬戸内海と島を愛した芸術家たちが、長い時間をかけて築いていった芸

世界屈指の美しい斜張橋、多々羅大橋

術作品に、島アートの原点がある気がする。

「千里眼」を越えると、隣の大三島へかかる美しい斜張橋の多々羅大橋が見えた。近付くほど、巨大な橋が描く線画は、造形を変える。

瀬戸田に戻って、自転車を返そうか、それともこのまま隣の愛媛県大三島まで行こうか迷った。普段自転車に乗らないので、多々羅大橋まで登れるだろうか。

でも、しまなみ海道の最大の芸術作品である橋を走ってみたい。それに、隣の大三島にも、やっぱりセトゲイよりもずっと前からオープンしている、ところミュージアムや大三島美術館などがある。

ぐっとペダルに力を込めて、自転車を漕ぎ直した。アートの旅は、まだまだ続いている。

第七章〈食〉松島

豊かな食材を通して、島を愛す若者たち

島旅をしていて、もっとも嬉しいことのひとつは、美味しい自然の恵みを享受できること。豊かな食材がたくさんあって、心踊る瞬間ばかりだ。

瀬戸内海にしても、伊豆諸島、奄美諸島にしても、美味しい魚料理に幾度と舌を巻いた。どこの島の人たちも、「結局美味しい魚は、みんな東京に行く」と口を揃えて言うけれど、いやいやいやいや。

船に乗り、釣ったばかりの魚をその場で捌《さば》き、醤油をちょっとだけつけて、口に入れたときの、新鮮で柔らかくて、ぷりぷりしていて、それでいて、命をいただく感謝の思いがこみ上げてきて。これ以上、旨いものなんて、ない気がする。

魚ばかりではない。島の人たちは、あちこちで畑をつくり、季節の野菜を育てている。

「トマトとナスがいっぱい出来たけん。穫ってきてくれる？」

そう言われて畑へ出向き、収穫しながら、もぎたてのトマトを口に放り込む。ジューシーで、濃厚な甘みが口に膨らんで、言葉通りに、元気がでる。スーパーで綺麗にパッキングされ、陳列された食材ばかりを見てきた私にとって、それらが自然界の賜物だという認識が薄れていた。実感が、伴わなかった。

野菜が高騰しているのも、冷夏だからだ、という程度の認識で留まっていた。

今でも自然と共生している島は、春夏秋冬も、晴れや雨、雪といった天候も、潮の満ち引きも、すべてが人の暮らしと密接にかかわっている。

空も海も木々も土も生きていて、人と同じように病気にもなるし、元気にもなる。自然が元気に生きているから、私たちが豊かに暮らせることも、島旅をするようになって気付いた。だけど、いま地球は温暖化により、自然界が激変している。南極や北極の氷が溶け、海面上昇、海水膨張して、海中生物の生態系が大きく揺らいでいる。海上へ水蒸気化する量も増え、巨大な台風も発生。水温があがり、海中で酸素を吐き出す珊瑚は白化し、死滅の一途を辿っている。

引きずられて植物性プランクトンが減り、それを食べる動物性プランクトンも減り、小魚も減り、大型の魚も減る。そして、私たち人間は、これまでのような豊かな海の恵みをいただくことができなくなってくる。

地球の温暖化は、人類が生み出す温室効果ガスのせいだと言われている。私たちがスーパーに行って、食材が減り、値段が跳ね上がったのを知るころには、自然はすでに大きな打撃を受け、苦しんでいる。

いま、島の食材を通して、自然を尊び、その恵みを伝えることで、島の活性化に一役買おうと動き出している若者たちがいる島がある。佐賀県の松島だ。

そこは、昔から男たちが海に潜って漁をする、〝海士《あま》〟が活躍する島で、海と寄り添うように暮らしている。

高台に建つ一軒の民家。玄関には、フジツボのついたたこつぼがいくつも並び、ガラスの浮子《うき》が飾られ、白い珊瑚のオブジェがあって、海を彷彿させるインテリアが瀟洒に飾られている。

「お邪魔しますー」

玄関で靴を脱いで、家にあがる。といっても、ここはレストランだ。

小さなカトリック松島教会のある松島の港と集落

松島は、人口56人、周囲3・6キロのひょうたん型をした島。ここに、2年前に「リストランテマツシマ」というイタリアンレストランがオープンした。

シェフは、島生まれ、島育ちの宗勇人《そうはやと》さん。最大限、島の食材を使って、1日限定1組だけ、ランチを提供している。最近福岡にも、別店ビストロマツシマをオープンしたので、松島には予約の入った日だけ戻るらしい。

さきほど、朝9時50分に、唐津市呼子《よぶこ》の港から「新栄」という客船に乗って、潮風をめいっぱい浴びながら、底まで見えそうなほど透明な海を眺めて、松島へやってきた。

今回は、女子二人旅である。島旅は一人も多いけれど、リストランテに行くのに、誰か一緒に行けないかと思って誘った。彼女は、島旅が好きな同級生だ。

船が港に近付くと、ひょうたん型のくびれにあたる港に、赤色の屋根をした小さな教会が見えた。その上側は、傾斜にそって、数軒の民家が建っている。

一台の車が、勾配のある一本道をくだってきているのが見えた。勇人さんの迎えだ。

船が桟橋に着岸すると、勇人さんは、「いらっしゃい。こんにちは！」と言いながら、船のロープを引っぱり、着岸を手伝う。他に同乗していたのは、島の人と、釣りにやってきた一家族だ。

全員が降りるのを手伝い、それから私たちの荷物を車に乗せてくれた。

港にある大きな案内板の前で、勇人さんが島の説明を簡単にしてくれた。白いシャツに紺色の長いエプロンを着用している。精悍《せいかん》な顔に、がっしりとした体型。彼はオーナーシェフでありながら、海士として海に潜ることもあるらしい。

案内版には「ロザリオの島」と書いてあった。ロザリオは、カトリック教徒が祈りの際に用いる、十字架の付いた数珠の輪だ。松島は、隠れキリシタンがイカ漁をしていたときに見つけた無人島で、それ以降住み着いたらしい。だから、島の人はみんなカトリック教徒だ。

それから車に乗り込み、傾斜のある道をのぼっていく。民家が道の両側にあるが、家の数はおそらく20軒程だろう。

集落の上の一軒家で、車が止まった。普通の民家だ。

「ここが、リストランテマツシマです」と、勇人さんが言った。

眺めがよく、青い海が広がり、唐津市の波戸岬や加部《かべ》島が見えた。島の反対側には、壱岐島があり、そのさらに向こうは対馬。そこはもう韓国との国境の島のひとつだ。ずいぶんと、遠くの島まで来たなあと思う。

食事をいただく部屋に通された。

海が望めるリビングダイニングで、部屋にはテーブルがひとつ、私たちのためだけに用意されていた。部屋からはそのままテラスに出られて、そこで食後の珈琲をいただくこともできるそうだ。

こんなロケーションの素敵な、貸し切りのランチなんて、これまでに経験したことがない。

来島したゲストも、私たち以外は、さきほど船で同乗していた家族くらいだろう。島まで貸し切ってしまったような、この上ない贅沢な気持ちに浸ってしまう。

アイランドキッチンのカウンターには、こんもりと種類の違う魚介が大きな笊《ざる》に盛られていた。藤の花やシダの葉っぱを使って、美しく盛られているけれど、驚くのは、この量と大きさである。

「こんなにたくさん！　この大きな魚はなんですか？　これは？　何この貝！」

魚に詳しくない女たちも、つるつると潤っ

素敵なアイランドキッチンで大量の食材を目にして興奮！

た、今にも動き出しそうな魚介を前にしたら、全部の名前を聞きたくなる。

「この大きな魚がブリで、クエ、メジナ、アラカブ（かさご）、ムツ。カメノテに、貝が、これはアワビ、ムール、サザエ。こっちのガラスのボウルに入っているのは、紫ウニですね」

勇人さんは、丁寧に説明をしてくれる。松島をとりまく玄界灘では、豊富な魚介類が獲れる。すべて、島の周辺で、海士たちが獲ったものだ。

「父親が海士で、ほとんどの海の食材は獲って来てくれますね。弟も、一度島を出て働いてたんですけど、最近は戻ってきて、念願の海士になって獲ってきてくれますよ」

「へ〜。お父さんに弟さん。獲った魚介を勇人さんが調理して。素敵な家族！」

「まあ、座ってくださいね」

聞きたいことがたくさんありすぎて、前のめりになってしまう。気を落ち着かせて、リビングに設置されたテーブルにつくことにした。テーブルには、カトラリーが並んでいる。

部屋をきょろきょろと見渡すと、可愛らしいインテリアが吊り下げてあった。玄関にもあった丸いガラスの浮子と、大きな裸電球みたいなライト。

「これ、なんのライトですか？　ランプみたいで可愛い」

アイランドキッチンで、料理にとりかかろうとする勇人さんに声をかける。オープンキッチンなので、食べながら、シェフとさまざまな会話ができる距離感がいい。

「ああ、それは、集魚灯ってライトですね。イカ釣りにも使うんですけど、夜その光に小さな魚が集まってくるんです。それで小さな魚を食べようと、大きな魚が寄って来て、釣るんですよ」

「へ〜。インテリアにしたら、こんなに可愛いの。浮子を吊り下げている網は？」

「それは、定置網で使わなくなったものと魚のルアーを使って、父がつくりました」

「え！　お父さんが？」

勇人さんのお父さんは、現役の海士で、リストランテマツシマや福岡のビストロマツシマの食材を獲ってくるだけでなくて、こうしたインテリアをつくってしまうらしい。

「実を言うと、父の兄と父がつくったんですよ」

「何をです？」

「この家を」

「家を？　家ってつくろうと思って、つくれるもの!?」

だけど、それが出来るのが、島の人だと思う。鹿児島県の加計呂麻島の宿ゆきむらも、女将さんの旦那さんが宿をつくったと言っていた。家は、業者に頼んで建ててもらうのではなくて、自分でつくれるものだったのか。

聞けば、テラスに置いてある一枚板のローテーブルも、玄関に置いてあったインテリアも、お父さんがつくったらしい。

「ほんと、僕が言うのもなんですが、父はカッコいいです。尊敬してますね」

「素敵すぎる！」

彼のまっすぐな言葉が、ミドサーの女子の胸を打つ。

「では、まずはこちらからどうぞ。サザエの香草バター焼きです」

スライスされたフランスパンの上にサザエがまるごと載っかって、サザエの穴の中には食べやすく切られた身がぎゅっと詰まっている。バターと香草の芳醇な香りがふわりと鼻にとどく。

程良く身が締まって、弾力のある硬さがい

サザエの貝殻の話までしてくれた、香草バター焼き

い。噛む程、サザエの旨味が優しいバターの風味に包まれて味わい深い。

サザエの貝殻は、流れの速い岩場では、そこに留まろうとして、とげが長くなるらしい。友人のお皿に載ったサザエのとげは、少し丸みを帯びている。

「こっちは、穏やかな湾内で獲れたんですね」

勇人さんの説明は、私たちを途端に海のなかへと誘った。人と同じように、生まれた場所や育った環境によって、見た目も味も変わる。海で生きていたサザエの人生が、我らの胃袋で終焉するというのにも、ある種の感動と、感謝の気持ちを覚える。

「白ワインにしますか？　料理に合いそうなワインを用意していますよ」

「ぜひ。魚介には白ですよね。あれ、島だと、どうやって入荷しているんです？」

島には、自動販売機がひとつあるだけで、商店はない。まして、ワインだなんて。

「福岡のビストロのほうで入荷して、松島のほうへ持ってきてるんですよ」

とくとくとくとグラスに白ワインを入れながら、勇人さんが答える。福岡で別店を出してから、さらに、できることが膨らんだらしい。

彼は、島で育ち、島の小学校には同級生が二人しかいなかったそう。中学は隣の加唐《かから》島に毎日船で通い、高校は調理科のある学校で料理人をめざした。このときからすでに、島の食材を使ってできる仕事を意識していたのだ。

そして卒業後、佐賀のフレンチ料理店で修業をして、その後福岡に移って、イタリア料理店で修業をした。

「やっぱり、フレンチは肉料理じゃないですか。じっくり熟成させたり、煮込むような。でも、僕、できるだけ食材をそのまま活かしたくて、思いつきでさくっとパスタやピザにするイタリアンがいいなって思ったんです」

「なるほど。でも福岡では、ビストロを?」

「ビストロって、いろいろな料理を出せるんですね。魚介類や島の野菜で。たとえばスペイン料理のアヒージョとか出してますし。イタリアンにこだわらずにつくりたいと思って」

勇人さんは、私の質問に丁寧に受け答えし

10キロのブリを豪快に捌く勇人さん

ながら、大きなブリのお腹に横一文字に出刃包丁を入れて、内臓を取り出している。ブリはまな板から飛び出すサイズで、重量感がある。10キロあるそうだ。

「こいつは、いとこが獲ってきたんですよ」

松島では、〝宗〟という名字がほとんどで、親戚だと言った。もともと島に住み着いた人たちがはじまりで、家族のように暮らしてきたのだろう。

「みんな、仲がいいですよ」

「港からここに来るまでに、若い男性を何人か見かけたんですけど」

「ああ、56人中、9人が20代ですからね。僕が28歳で年長です」

ブリがどんどん解体されていく。

高齢化のすすむ小さな島で、約16％が20代という島は、他にあまりない気がする。もちろん、9人以上の若者がいる島はあるけど、全体比からしたら低い。ここは、島を支える人たちが、若いということだ。勇人さんが島にリストランテをオープンさせた理由も、島の未来を見据えてのことだ。

「こちらが、前菜の盛り合わせです。お皿の中央の青塗りは、玄界灘の海をイメージしたもので、特注でつくった有田焼です」

白い平皿の中央に、マリンブルーの青が美しく存在感を出している。その上に、ナマコと島のオレンジを使ったビネガーの和え物と、グリーンピースのポータジュがグラスで載っている。その周りに、ほぼ島の野菜やハーブを使った逸品が一口サイズで盛られている。

　アワビのペペロンチーノやライスコロッケ、たらの芽やカボチャのフリット、島のカレイを使ったカルピオーネ、キッシュ、ズッキーニのグリル焼き、イチゴと生ハムと、全9種類。島の桜の花も添えられて華やかだ。

「見ていて綺麗、食べて美味しい」

「有田焼のお皿、これ買えないかな」

　なんて友達と話しながら食べ、ふっと外を眺めると、やわらかな海の表面がキラキラして見える。あたたかな日で、テラスからそよそよ入ってくる風が気持ちいい。ワインで、ほろ酔いしてきて、ぼうっと思考が拡張して

海と山の幸で彩られた前菜の盛り合わせ

いく感じがする。

「野菜はね、おばあちゃんが作ってくれるんですよ」

勇人さんが、早くも次の料理をつくりながら言った。

「ほら、テラスのすぐ下に、畑が傾斜にそってありますよね。あれ、おばあちゃんの畑なんです」

「お父さんと弟さんに、いとこも、おばあちゃんも！　そんな幸せいっぱいのリストランテって最高ですね」

テラスに出てみた。海風を直に受けながら、ネギやキャベツやタマネギやハーブやら、野菜が青々と育っている畑を見下ろした。これを、今、いただいているのか。

「野菜も気持ちよさそう。島のみんなが支え合って、理想的ですね。お父さんも、きっと嬉しいでしょうねえ」

のほほんと言ったつもりだった。

「いや、父には、めちゃくちゃ反対されました。こんなところで、レストランなんかやるなって。人が来るわけない、絶対に失敗するぞって」

考えてみたら、たしかにそうだ。福岡で一人のシェフとして働いていたほうが、1日3便の船しかない島で開業するより、ずっと安定した生活が送れるはずだ。

でも、島を一度出たからこそ、島の食材の良さがわかった。

「とにかく父を説得して。それで、失敗してもなるべくリスクが出ないようにと、自宅を自分たちで最低限改装して使うことにしたんです。だからキッチンくらいですかね。このアイランドカウンターをつくって、ワイングラスラックを置く、その棚をつくって」

手作りと思えない広々としたアイランドカウンターで、刺身がお皿に盛られていく。

「ブリの一番美味しいところ、トロを載せますからね！」

勇人さんの手さばきは、職人技だ。さっきまで魚の形をしていたものは、まるで彫刻家にされるがまま、するすると姿を変えていって、一枚のお皿のうえに、別の芸術作品となって完成した。華やか。海の生物の身の色の違いや、質感の違い、香りの違いに出会い、五感がふるふると動き出していく。

「オリーブオイル、醤油、柚子胡椒、レモンを、お好みでどうぞ」

ウニ、アワビ、イカ、クエ、ブリ、ムツが並ぶ。トゲトゲしいウニの針がまだ、うねうねと動いている。さっき獲ってきたものらしい。まだ、海のなかにいると思っているのだろうか。新鮮だからこその、プリプリ、コリコリとした食感を楽しみながら、最後にウニに手をのばす。

「ウニをこんな、真っ二つにした半分を掬って食べるなんて、したことないです。こうやって、身がくっついているんですねえ」

「あー！　美味しい！　味が濃厚！」

ウニといえば、女子に限らず老若男女にとって堪らない、贅沢な海の幸だ。やはり、テンションがあがる。

だけど、最近は温暖化の影響で、ウニの殻を開けると身が詰まっていないことが増えたという。ウニのエサとなる海藻を食べてしまうアイゴが増えたり、海藻が育たなくなっていることが原因らしい。

もちろん、日本中がそうだろう。瀬戸内海でも、魚がとても減っていると、何度も漁師さんから聞いたことがある。

レストランでは、かならず身の詰まった良いものを出す。だけど、海士漁は命がけで潜って獲るのだから、たいへんんだ。

「父がね、僕が小さい頃からよく言ってたんですよ。地球の変化もあるけど、僕たちは漁師をやっていて、心に留めなくてはいけないことは、海のものを乱獲したらいけないって。そう教わりました」

レストランではひとつ獲って、それを丁寧に食べる。乱獲する必要がなく、みんなに喜んでもらえる一番いい方法だ。

松島では、人数も少ないこともあり、30年程前から、漁はみんなで一緒に、一隻に乗って出ているという。理由は、身の安全をみんながいることによって確保しやすいのと、燃料費を抑えられること、そしてなにより自然を守るためだ。

また、晴れている日にしか絶対に潜らないそうだ。漁も休み、海も休ませてあげる。毎日大量に獲っていたら、生態系に影響がでてしまう。

ようやくウニの針が、勇人さんの話を聞き終わったかのように、動くのを止めた。

ちょっと甘い醬油が美味しい。ちなみに、グルメの人は、九州の甘い醬油よりは、辛いほうが好きで、持参してくるゲストもいるらしい。みんなが、それぞれ、最高の食材を最

10センチ弱のムール貝。これほどのサイズは初めて見た

高の味で楽しもうとしている。

続いて出て来たのは、ムール貝のグラタン。

ひと口で食べるには大きい身を、フォークで掬って口に放り込む。やわらかな身が、口のなかに満ちる。グラタンのクリーミィな味付けに負けないムール貝の味が広がる。

「こんな大きいサイズのムール貝は、なかなかないらしいですよね？」

勇人さんが、私に聞いてきた。私がいろいろと海外を旅していると言ったからだと思う。ヨーロッパでは、ムール貝のワイン蒸しをよく食べた。だけど、どれもが小粒で、そのぶん味が濃かった。

「デンマーク人のね、日本で食材を探しているという人が来て、驚いてましたよ。大きいって」

勇人さんが、そうなんですかね？　という顔をしている。

「たしかに、これは岩牡蠣みたいな大きさだから、珍しい。というか、海外では見たことないですよ、私は」

とはいえ、これ以上大きいと歯ごたえが良くないから、ほどほどがいいのではと、勇人さんが言った。ほどほどでも、10センチ近くあるムール貝は、やっぱり珍しい。それに、しっかりと味も濃くて、旨味が舌に残る。ウニのようなこともあるにせよ、良質なミネラル豊富な玄界灘では、生物はすくすくと育っている。

「ところで、お品書きとか、つくらないんですか？」

　フライパンでパスタを炒めている勇人さんに声をかける。レストランの厨房という雰囲気でもないし、寡黙で厳しそうなシェフでもないし、ついつい好奇心が勝って、話しかけるのを止められない。

「僕、お品書きがつくれないんですよ。その日の食材を見て、ちょっとだけメニューを変えてしまうんですよね」

「なるほど！　それじゃあ、つくれませんね」

　食後の話だけど、夕方の船で帰ることにしたので、勇人さんに畑を案内してもらったら、ちょうどおばあちゃんが、手にタマネギを数

オレンジの皮の香りがふんわり漂うブリと春キャベツのパスタ

個持って、急な坂道をゆっくりとのぼって、勇人さんに渡しに来ていた。

弟の秀明さんもリストランテのスタッフで、話を聞いたときは、

「兄に、これ獲ってきてほしいって言われることもあれば、これ獲ってきたから使ってって、言うときもあって」と言っていた。

食材が自然のものであるからこそ、毎日きっちり同じメニューになるはずがないのだ。その朝獲れた食材を最大限活かした料理をクリエイトすることが、勇人さんは好きなのだ。

「どうぞ。ブリと春キャベツのオイルパスタです」

お皿に散らしたオレンジの皮の粉が、春の野原みたいで、可愛らしい。キャベツは、さっきテラスから見たおばあちゃんの畑で育ったものだろう。

「さっぱりとして、美味しい。オレンジがいいアクセントで」

「う〜ん、ブリの旨味がパスタにうつってますなあ」

心底美味しいものだと、食レポさながら、すらすらと言葉がでてくるものだ。味もだけど、見た目もとても芸術的で、どこかに海や山を感じる。それは、島に生まれ育って養われた、シェフ宗勇人の感性なのだろう。

「これまで、どんな方がゲストに来たんですか？」

「けっこう取材をしてもらっているせいか、全国あちこちから来てくれますよ」

遠い所では、ハワイから。九州はもちろん、東京、大阪、京都など。ベストシーズンだと月に200人ほどの予約で埋まってしまったという。

「200人！　大忙しですねえ」

「実は、前は、わざわざ島にきて食べてくれるんだから、良かれと思って1日何組か受けていたんです。でも、やっぱり無理したら、自分の暮らしがダメになると思って、今は基本的に、1日1組限定にしてますよ」

海外を旅しているときに、私はよく、自分の生き方や暮らしについて考えていた。いままでも、よく考える。どんな暮らしが幸せなのだろうかって。

私は東京で育ったので、東京生活を否定する気は全くないけれど、一度海外に飛び出してしまったせいか、だんだんと東京の目まぐるしいスピード感に心が追いつかなくなった。

朝が来て、夜が来るまで、一度も自然の香りを感じない。日がな一日パソコンを前に座り込み、他人との会話はオンラインかSNSだけ。マンションの隣人の顔も知らず、すれ違っても挨拶もしていない。さみしいと思ってしまった。

ヨーロッパや中南米のラテン諸国では、夕方まで働くと、みんな家族との時間を過ごすために、そそくさと家に帰る。ガーデンにテーブルをセッティングして、美味しいワインを開けて、サラダにチーズ、パンなどを簡単に並べてから、手作り料理が並ぶ頃には、隣人が集まり、酔いどれとなって、賑やかになる。

「このために、働くのさ！」

そういう人たちに交ぜてもらったこともあれば、夕刻街を歩いているときに、ガーデンに集う地元の人たちの暮らしを目の当たりにしたこともある。

急に、東京が世界のはじっこにある気がした。世界の中心は、こういう暮らしなのかもしれないと思ったのだ。

ざっと、そんな話をすると、勇人さんがにこやかに、

「僕も東京は行きましたけど、ここのほうが好きですね」

と、遠慮がちに、でもハッキリとそう言った。羨ましいなあと思う。そういうふうに好きだと心から思える故郷があることが。

「父が、一度島を出て働いたんですけど、子供は絶対に島で育てたかったみたいで、

巨大なフライパンに入ったカニやカメノテのアクアパッツア

戻ってきたんです。それで父は海士になったんですよ」

そう言いながら、大きな鉄のフライパンを持って、テーブルまでやってきた。

「こちら、カメノテのアクアパッツアです。取り分けてお持ちしますね」

カニの甲羅がひときわ赤く目立つ。その周りに、カメノテがごろごろ転がっている。カメノテは、甲殻類の一種で、亀の手ではないけど、見た目が似ているのでそういう名前がついているらしい。私は瀬戸内海で初めて食べたけれど、その後伊豆大島でも食べた。もちろん、島旅をするまで、カメノテの存在すら知らなかった。東京のスーパーでも見かけなければ、飲食店でも普通見かけない。

「一見、グロテスクかもしれないですけど、旨いですよ」

柔らかいカメノテの皮みたいな部分を剥いて、中の身を取り出して、口でちゅっちゅっと吸うようにしていただく。イタリアンとはいえ、手で豪快に食べるところが、島スタイルな気がして、私は好きだ。

「私、初めて食べたけど、ジューシーで、身も柔らかくて美味しい。海の味がするよ」

と、友人もちゅっちゅっと音を立てながら言った。

「カメノテも、この辺で獲れるんですよね？」

「もちろんです。松島に、すごく小さな小松島っていう無人島があって、そこにもびっしりいるので獲れますよ」

　小松島は、島の子供たちにとって、昔から小さな冒険先だったらしい。そこまで伝馬船を漕いでいって、上陸する。親たちからは、流れが激しく危険だからと、そこには大タコがいるから行ってはいけないと、重々言われていたらしい。

「だけど、一度流されたことがあってねえ。えらい怒られたとよ」

　勇人さんのお父さんと、後で話をしていたら、笑いながらそんな昔話をしてくれた。当時は、島全体が子供にとっての遊び場だったらしい。かくれんぼも、ドロケーも、缶蹴りも、島全部が鬼ゲームの逃げ場所で、それはそれは、逃げるのも追いかけるのも大変だったとか。

ウニが贅沢に載ったアクアパッツアの出汁でつくったリゾット

「そろそろ、お腹いっぱいになってきました？　次で最後です。先ほどのアクアパッツアの出汁でつくった、ウニのリゾットです」

「はい、けっこうお腹にたまってきたんですけど、ぜんぜん胃もたれ感がなくて」

「そもそも、こんな量を自分が食べられるなんて、すごい」

二人とも、胃がどんどん膨れているはずなのに、ひとつも残さずにいて、次の料理を楽しみにしていた。最後と言われれば、ほっとするよりは、やっぱり残念な気持ちのほうが大きい。

一口、二口ほどのサイズのリゾットに、こんもりとウニが載っている。

「では、名残惜しいですが、いただきます」

ぱくん。先程味わったはずのカニやカメノテの海の出汁が、一段とはっきりと口に広がるのは、お米にたっぷりとしみ込んでいるからだろうか。甘いウニのつるっとした食感がお米に溶け込んで、あっという間に消えてしまった。

「あーん。終わっちゃったよー」

「美味しかったです。フルコース！」

「あ、食後のデザートがありますので、お待ちくださいね。珈琲にしますか？」

アイランドカウンターから、赤色の何かが入ったワイングラスを2つ、持ってきてくれた。

もったりとした赤色のスムージーみたいだ。中にバニラアイスクリームが、島のようにぽこっと頭をのぞかせている。

「100%、イチゴのあまおうです。添えてある紫の小花は、ボリジと言って、島で育てています。食べられますので」

スプーンでまず、赤色の部分だけをぺろっと舐める。その瞬間、友人と顔を見合わせ、表現もシンプルに、「美味しすぎる」と声が出た。

バニラアイスクリームをまぜて、赤色と白色のマーブルを拵え、再びスプーンを口に運ぶと、ほのかな酸味はおさえられ、甘くて飲むショートケーキみたいになった。

「ショーケースに並んでいるような、完成されたケーキを食後に出したくないんです。今

海を望むテラスで、食後は島の皆さんと団欒。潮風が気持ちいい

日の食材すべての流れがあって、最後にぴったりくるものを、ちゃんとつくり出したくて」

「ぴったりすぎて、びっくりしました」

再び、乏しいが、シンプルな表現でしか伝えられない。最後に、ボリジを口に入れて、島の食材のすべては、胃袋におさまった。

「お口に合ってよかった！　ありがとうございます」

こうして、フルコースの至福のランチが終わった。


食後、ふわふわな気持ちで、テラスで海を眺めながら珈琲をいただく。途中で、勇人さんがパラソルを出してくれた。

「なにこれ、地中海にいるみたい！」

勇人さんは、海外はほとんど行ったことがないらしいけれど、彼の感性は、私が旅先で出会った豊かな人たちと、とても似ている。

パラソルの向こうの海では、船が滑るようにいくつか行き交っている。ホーホケキョとウグイスがなき、潮騒が耳に届き、風が髪の毛を揺らしてくる。

しばらくして、勇人さんのお父さんの勇《いさむ》さんと、弟の秀明さんも、一緒になって団欒をした。二人は、現役の海士で、毎朝8時から11時頃まで潜る。今日も、私たちが島に来た頃、まだ海のなかにいたらしい。

この日は、ちょうど勇さんの中学時代の先生で、今は玄海地区生物教育研究所の所長をしている飯田勇次先生が島に来ていた。勇さんが中学生のときは、まだ島に中学校があったらしい。飯田先生は、何十年も前に松島に来て以来、島が大好きで、今でもよく来ていると言った。彼も、テラスに来てくれた。優しくて、ほがらかな男性。

「青ワカメは食べたかな？」と聞かれたので、

「お刺身のときにいただきました。もちもち、こりこりしていて。あんなワカメあるんですね～」と答えた。

お刺身の貝類の下に敷かれていたけれど、食べたらもちもちとして、ワカメもお刺身の一種だと思って、ぱくぱく全部食べた。そう言うと、飯田先生は、ちょっと誇らしげに、青ワカメの話をしてくれた。

青ワカメは、限定された地域でしか取れない海藻で、海底12メートルほどの小石の上で寝そべるように生えるらしい。海士は、青ワカメをかき分け、株の根元を探して刈って、急いで船の生け簀《す》に入れる。青ワカメは空気に触れると傷みやすいそうだ。

海流の速い海底まで潜って、一連のその作業を1分前後の時間でやる海士の仕事は、タフでないととてもできないだろう。

通常、島の海士たちは、港から一隻の船に乗って、〝今日潜るエリア〟を決めたら船を止める。それぞれ海に降りて、ポイントを決めたら、大きく息を吸い込んで潜る。驚くことに、耳抜き以外、ぶくぶく息を吐き出してはいけないそうだ。それで、だいたい1分ちょっと。現役30年のベテラン勇さんで、2分程だという。

潜るとき、ウエットスーツに水中メガネをして、〝あわびおこし〟というステンレスの刀のような道具と、〝おだ〟という網、魚を突く銛《もり》を持つ。

それらを使って、アワビ、サザエなどの貝類やウニを獲って、胸元につけた〝おだ〟に入れる。いっぱいになれば、浮子につけた大きな網にうつす。良い魚がいれば銛で突く。という作業を何度となく繰り返すらしい。

1時間潜っても、貝やウニが1個も獲れないときもあれば、2時間潜って12、13個獲れることもある。

「海の生き物は、動くのが速いけん。サザエやアワビも、見逃すと、次潜ったら、もう隠れていないんです。だから、なるべく見つけたら獲りに行きたくなって」

ニコニコとした笑顔がとても印象的な、23歳の秀明さんが、楽しそうに話す。彼は、一度島を出たけれど、早く島に戻りたくて仕方がなかったそう。

「海士になって楽しい？」

「はい！」

屈託のない笑顔が、まぶしすぎる。

「みなさん、何歳くらいまで、海に潜るんですか？」

「どうかなあ。父は15歳から81歳まで海士だったんですけど」

勇さんのお父さん、つまり勇人さんや秀明さんのおじいちゃんだ。

「ちょっと前までは、自分が船頭になって、その日潜るエリアを決めて船を止めていたけど、今は若いもんに任せてますよ」

勇さんは25歳頃から潜りはじめて、いまだに、毎日早く潜りたくて仕方がないそう。

「何度同じ海に潜っても、海は綺麗だなあって思うけん」

松島は溶岩のようなごつごつとした岩山で

テラスから見下ろせるおばあちゃんの畑ですくすくと育つ野菜

できている。絶壁の岩肌が海から見える。砂浜がなく、岩場ばかり。岩場が続いて、いきなり水深の深い海となる。

「それだけん、たくさんの貝や魚が集まりよる」

ここは、暮らすには過酷なこともあったかもしれないが、豊かな海の恵みをずっと享受することができた。

いま、島では、しいたけ畑をつくったり、15年程前から植えている100本ほどのオリーブ畑で何かをしたいとか、隣の加唐島へのクルージングをお客さんに向けてしたいとか、勇人さんを先頭にして、島の若者たちが考えている。

「ここでずっと暮らせる環境をつくるのが大事ですよね」

勇人さんの表情は真剣で、キラキラとしている。

「それに、蜜蜂でハチミツをつくったらいいと思ってね」

飯田先生がそんなことを言った。彼は、島の家族の一員だ。

「あ、ちょっと、畑を見にいきます？」と勇人さんが誘ってくれた。

「ぜひ！　おばあちゃんの畑じゃなくて？」と聞くと、それ以外にもあるという。

リストランテマツシマを出て、さらに上にのぼっていくと、加唐小学校松島分校がある。

その校庭では、7、8人の若い男たちが、サッカーをしていた。

「みんな、学年違いの島のやつらです」

この規模感の島で、若者がサッカーをしている光景を、これまでに見たことがなかった。

「こっちです」

学校の横の細い道をぐんぐんと入っていくと、イノシシ対策に設置された柵を開けて、中に入れてくれた。

「この島は重機も入らんけん、自分たちで木を切って、開墾しているんです」

緩やかな傾斜のある畑が広々とあった。キャベツ、ブロッコリー、ネギ、大根、タマネギ、カリフラワーなどなど。

「これ、なんだかわかります？」

黄色い花がたくさんついている野菜を指さした。

「なんだろう？」

「ブロッコリーです。収穫しないでほうっておくと、こんな可愛い花が咲くんですよ」

「えー！　そうかあ、なんだか知らないことばっかり。こうして見ると、ほんと可愛い」

「でしょ？　これもね、ブロッコリーだから、食べられると思うし。食材は限りないですね」

この人には、自然のあらゆるものを、余すところなく恵みとして享受する感性が養われている。シェフとしても、そこに向ける眼差しは、お客さんのためだけでなく、自然のためにもある。

さきほどテラスで、勇さんがこんな話をしてくれた。

「昔はもっと、みんなで山を開墾して畑にしとったんです。山はね、間伐しないといかんとです。木を切って、まびかないと。そうしないと土地が肥えない。土壌が悪くなれば、土を介する水も悪くなる。その水は海に流れ込むから、海が悪くなる。そうすると、プランクトンが育たなくなる」

すべては、つながっている。人の手がつかず、畑が森に還っていけば、単純によいというわけではないのだ。目の前のことだけを見ているわけにはいかない。彼らは、自然系すべての循環を見据えて、生きている。

「まだまだ、こっちもこれから開墾するつもりなんです」

勇人さんが、さらに奥の畑を見せてくれた。まだ更地で、野菜はない。

いずれ、皆が結婚しても、島で働いて暮らせる環境をつくる必要があると、勇人さんが言っていたけど、この畑もそのひとつらしい。

この島では、海士漁以外にも、人を船で運ぶ〝瀬渡し〟をしている若者もいる。海に携わる仕事は、自然が相手なだけに、毎日安定はしない。

「だから、農業もみんながやればいいと思って。農作物は、リストランテやビストロに送ってもらってもいいし、島野菜として売り出してもいきたい。とにかく働ける場所があるって、いいですよね」

野菜が風にそよいで、ホーホケキョとウグイスが上手にうたう。

野菜も、風も、鳥も、海も、貝や魚も、土も、木々も、若者たちの行く道を、家族のように応援している気がした。

帰り、港にあるカトリック松島教会のなかを見せてもらった。ステンドグラスから光がこぼれて、ぬくもりにあふれていた。

「あ、錨《いかり》？」

「そうです」

カトリック松島教会のなかに、錨と十字架のシンボルがあった

船の錨マークの縦の線に、横一本の線がクロスしている。十字架と錨のコラボレーションだ。

「わあ、素敵」

聞くと、島の人には、ロザリオのネックレスを首にかけている人が多いらしい。海士たちも、ウエットスーツの下に、つけていく。

海からあがり、ウエットスーツを脱ぐと、ロザリオ十字架がキラリと光るそうだ。

「うわあ、今度はその姿を見にこなくちゃ」

「あはは、ぜひぜひ。今度は岩もずくの時期に来てください。うちで一番人気のメニューなんです」

「わー！　必ず！」

美味しい料理をいただきに。それだけじゃなくて、また皆さんに会いに。

短い時間に、リストランテマツシマでいただいたものは、料理もさることながら、豊かな自然への感謝の気持ちだった。

第八章

〈街並み〉

保戸島

日本のアマルフィといえる街並みに秘めたロマン

大分県津久見港の沖に浮かぶ保戸《ほと》島。昔から、マグロの遠洋漁業の基地として、全国に名を馳せてきた、周囲4キロの小さな島である。

この島は、南イタリアの地中海沿岸部の、たとえばアマルフィやナポリ沖に浮かぶプローチダ島に、街並みの景観が似ていると思った。

ゆるやかに湾曲した港にそって、背の高い長方形の箱みたいな家が、横並びにぎゅっと仲良く並んでいる。隣との隙間がないのでは、と思うくらいの距離感で、ぎっちりと。

島は平地が少なく、港の近くからすぐに山の傾斜がはじまる。敷地面積が少ないため、一軒の建物は縦に長くなる。広々とした1階建ての平屋を建てるのは不可能で、胴体は細く、やたらと背が高い家になってしまう。3階建ては当たり前だし、4階建ての家もある。

港のほうから、集落の家並みを仰ぎ見ると、傾斜にそってすべての家が顔を覗かせているように感じる。ちょうど、大きなホールの舞台から、観客席を仰ぎ見るような感じだ。山の傾斜にそって、背の高い家々が重なっていく。

アマルフィと根本的に異なるのは、家が石造りではなくて、鉄筋コンクリート造りの建築が多いということだ。

「なかなか、こんな街並みの島ないですよね」

津久見港の船待合所で、切符売り場の女性にお金を渡しながら声をかけると、保戸島の地図冊子『保戸島歩記《あるき》』と切符をくれて、「そうですかねえ?」とひとこと言って、おつりをくれた。

「ええ、地中海の街並みみたいですよ」

そう答えようと思ったけれど、やめた。地元の人たちは、大抵自分のいる場所に対して、それが当たり前の光景や習慣だったりすると、いくら褒められても、興味を持たれても、「はてはて?」という表情をする。

島旅をはじめて、このやりとりのチグハグ感にも、ずいぶんと慣れた。自然、文化、街並み、食など、これぞと自慢する島もあるけれど、それでも地元の人たちが思う以上の豊かさがあると、いつも感じる。

保戸島には、2度目の来島をしようと思った。初めて訪れたときの衝撃が、半端ではなかった。もともと、水産庁が発表した「未来に残したい漁業漁村の歴史文化財産百選」に保戸島が選ばれているのと、「海外みたいな街並みだよ」とか、「猫が多い島だった」というのを、島好きな人たちの集まりで聞いて、興味を持っていた。

結果的に、漁師町らしく、可愛らしい猫がたくさんいることも含めて、街並みの景観はアマルフィみたいで、想像以上に印象深く心に残って、いつか必ずまた来島したいと思っていた。

私が、街の景観や建築に興味を持つようになったのは、世界放浪の旅に出てからだ。最先端テクノロジーを駆使して、近未来的な建造物群を築きあげていった東京の摩天楼を飛び出し、東南アジアやヨーロッパ、中南米へと足を運びながら、その土地の風土や文化、宗教観は、街の景観に投影されるのだと気付いた。

また、重厚で壮麗なヨーロッパの建築には、ロマネスク様式、ゴシック様式、バロック様式、ルネッサンス様式、アール・ヌーボー様式など、中世の面影が残されたものばかりで、時代の流れのダイナミズムを感じ、旅の間は容易に時空を遡り、タイムスリップした気分になった。

一方で、近代・現代建築への関心も、ヨーロッパにいるときのほうが圧倒的に強かった。中世の街並みのなか、鉄筋コンクリートのモダンな建築は、異彩を放って、かっこ良く見えた。

フランスの建築家ル・コルビュジエが手がけた、近代建築の原点と思われる建築や、スペインの建築家アントニ・ガウディの目指した有機的な建築など、心ときめかせながら旅をした。

街並みには、独特のオーラがあって、その街の洋服みたいに、個性を表すものだと思った。

津久見港の船待合所で片道乗船券を買い、すでに栈橋に接岸されている船マリンスターのほうへと向かう。

船乗り場から見える対岸には、巨大な鉄筋コンクリートの太平洋セメントの工場がある。津久見は、日本屈指の石灰岩産出量を誇り、それを移出する産業が盛んで、その石灰を使ってセメントをつくっている。

無骨な工場を横に見ながら、マリンスターに乗船した。

約14キロ先の豊後水道に浮かぶ保戸島は、

アマルフィみたいな景観をした保戸島のカラフルな街並み

九州本土の四浦《ようら》半島の先端からわずか100メートルしか離れていない。ただそこを隔てる間元《まもと》海峡は、流れが激しく船の航行が難しい。島の人にとって、その海峡にいつか橋が架かることは、長年の夢らしい。

そういうわけで、津久見港から西の四浦半島のほうへと船は進む。

25分で、船は保戸島に近付いた。港に並ぶ、背の高い長方形の箱形の家々がぐんぐん間近にせまってきた。みっちり、ぴったり、ぎゅっと、という感じで家々が建っている。これが、イタリアの港町に、雰囲気が似ているのだ。

イタリアみたいに、ピンクや黄色など明るい配色が多いわけではないけれど、それぞれ家にはカラーがあるし、自分の家を沖からでも見つけやすい。

前に、イタリアを旅していたとき、ブラーノ島というカラフルな家がずらっと並んでいる漁師の島に行った。家の壁に、赤や緑、青、ピンクなど色を塗ったのは、漁師の妻たちだという。

濃霧のなかから、漁に出た男たちが、自分の家を目指して帰ってこられるようにと、「我が家の色」を塗ったらしい。だからカラフルな街並みの景観は、男女の絆や、愛の結晶そのものだといえる。

保戸島に着いて、さっそく集落のなかを散策してみることにした。

切符売り場の前を通り、港より一本中の道に入ると、細い小径《こみち》は仄暗い。背の高い建物がずらっと並んでいるから、天からも横からも、光がそこまで入ってこない。

横を見ても、一軒一軒の隙間は1メートルもないのではという細さ。お互い窓から手をのばしたら、握手できる距離だと思う。

まるで、小さな森の中に迷い込んだみたいな気がした。背の高い幹が所狭しと群生して、天に届きそうなてっぺんは、豊かな葉っぱに覆われ、わずかな光しか根元のほうへ落ちてこない。

この一本道には、レモンケーキを売る商店や、島の人たち向けの生活用品や食品などを置いた商店、酒屋などが数軒あって、いわゆる目抜き通りみたいだ。

家々の間隔が狭く、細い小径が縫うようにある

商店の前で、三人のおばあちゃんが、〝テボ〟を置き、楽しそうに世間話をしていた。足元には茶トラの猫がのんびりと寝そべって、毛繕い中だった。

保戸島では、おばあちゃんたちが昔から使っている、便利グッズがある。竹で編んだ大きなカゴリュック、テボだ。テボを背負い、港を往来したり、階段を上り下りしているおばあちゃんたちと、何人もすれ違った。

前回来たとき、ある商店の前で、テボを眺めていたら、おばあちゃんに背負ってごらんと言ってもらった。ずしっとした。

「わあ、けっこう、重いんですねえ。おばあちゃんたち、逞しい！」

「それがないと、不便やけん」

彼女たちは、当たり前のように、ひょいひょい担いでいるけれど、慣れとはなんて強いものかと思った。昔も今も、変わらずに使い続けているみたいだ。

竹で編んだテボを背負ってみる。なかなか重量感がある

そのうち、山側のほうへと方角を変えて進むと、すぐに階段になった。平地の少ない保戸島では、山の傾斜にそって家が建てられているから、とにかく階段でのぼっていくしかない。階段の隙間も小径に負けず、一人がやっと通れる細さのところも多い。

ところどころ、空家が朽ちているところや、家の壁だけ残って更地になっている家も階段沿いにある。カラフルな壁だけ無造作な佇まいで残っていると、野外スタジオみたいで、ここで外国人のモデルさんを撮ったら、異国感あふれてフォトジェニックだろうな、なんて思った。

この島は、今は空家が増えているらしいが、全盛期で2000人以上が暮らしていたらしい。現在は600人足らずで、400世帯程あり、一人暮らしや二人暮らしが多い。

島の集落の規模感は、見た感じ小さいし、家の数も400軒あるとは思えないけれど、満員電車の扉を開けば、驚く程の人が出てくるのと同じように、わずかな土地のなかに、想像以上の家の数があって、人が暮らしているように思う。とはいえ、島は至って静か。

そのうち、右にも左にも階段があって、左をのぼってみたら民家の玄関に辿り着き、行き止まり。引き返して、右へ行くと、また二股になって悩む。そんなことを何度となく繰り返しているうちに、ここはモロッコのフェズみたいだなと思った。

細い道が入り組み、迷子になってしまう。ただ、フェズと違うのは、ここは、振り返れば大海原が見渡せるので、心のどこかで開放的な安心感があるのと、海の方角が道標となって、自分が、なんとなく集落のどこにいるかが摑める。

やがてお墓のほうに出た。

ここもまた所狭しと墓石が並んで、海を見下ろしている。港から、山の右手上のほうに、墓地一帯が見えたところだ。こんな眺めのいい場所で永眠できたら、幸せだろう。

法照寺の横をすぎると、道がいささか雑草で覆われていった。その間をさらにのぼっていくと、舗装された山道に出た。集落の上側に立っている。『保戸島歩記』を広げると、その場所は「記念撮影ポイント」となっていて、看板も立っていた。集落を見下ろせる。家々がひしめきあって、小径はほぼ見えない。

この島には、日本で一番狭い県道が通っている。幅はもっとも狭いところで1・2メートルしかなくて、自動車はまず通れない。雰囲気も、いかにも裏路地という感じなのに、足元

自動車が通れない日本一狭い県道、612号。両手を広げると両壁につきそう

を見たら「県道612大分」とラバーペイントで書かれていた。両手を広げてみたけれど、両側の壁にくっつきそうだった。

集落の向こう、港のほうには漁船が何隻も停泊している。上から眺めると、小粒である。それで、遠い異国のほうまで、大航海してマグロを釣りに行っていたとは、信じ難い。今でもマグロ漁船があるらしいが、15隻程らしい。

遠くうっすら見える島は、何島だろうとスマホを取り出して、グーグルマップで調べてみると、九州本土の津久見あたりだった。こうして見ると、九州も島だと改めて思う。日本は、無数の島の集まりだと思える瞬間だ。

記念撮影ポイントから、集落の上側を横にぐるっと歩き、そのまま道なりに下っていくと、船が発着する港の裏側にある、二目の港のほうへと出る。

その方角から、一台の消防車が通った。島の中で、港以外は、ここが一番広い道になるのかもしれない。運転席にいたおじさんと目があって、自ずとどちらも頭をさげた。

道なりに植えられた桜の木は、ほとんど葉っぱになっている。歩く頭上から、残りわずかな花びらが散ってきて、足元にはピンク色の絨緞が敷かれている。

麗らかな、美しい世界へ誘われるようにして、ふわふわと山道を下っていくと、二目の港近く、桜の木の下でおしゃべりをしている三人のおばあちゃんたちがいた。可愛らしい布を頭にまいて、割烹着やエプロンをつけて、ちょこんと座っていた。私に気付くと、懐っこい顔をして、声をかけてくれた。

「あらあ、どこから来たと?」

「この道、桜綺麗だったでしょう?」

ピンク色の花びらが、そうしている今も、ひらひら、くるくると舞って踊っている。それを眺めながら、一人のおばあちゃんが、

「もっとねえ、風があると綺麗よね」と言った。

「足元が桜の絨緞で、綺麗でした。ずっと昔からあるんですか?」

「桜の木? いやあ、そうでもなかとよ。ねえ?」

三人娘が首を傾げながら確かめ合っている。

そのとき、後ろから、おじいちゃんが自転

桜の木の下で、穏やかな時間を過ごすおばあちゃんたち

車でぴゅーっとやって来て、私たちに声をかけた。

「おねえさんたち！」

それには、全員が振り向く。おじいちゃんの目線は、島のおばあちゃんたちに向けられている。

「おねえさんたちなあ、うちの、見なかった？」

すると、一人のおばあちゃんが、私に声をかけた。

「おねえさんさ、こんなの（と手を横に大きくひらいて）、黒い犬見なかった？」

「犬ですか？　うーん。今来た道では、桜しか見てませんよ～」

そう言うと、おじいちゃんは悲しそうな顔をして、また自転車に乗って、「犬がいなくなった、いなくなった」と呪文のように話しながら、どこかへ走り去って行った。

「犬っていっても、島から出られるわけじゃなかけん」

「まあ、どこかにおるばい」

「さあて、よっこらしょ」

おっとりとした三人娘は、家路につくようだ。ここは、ゆるゆるの時間が流れて、自分の生活のペースは誰にも乱されないという感じがした。

その後、押上りトンネルを歩いていたら、駐在所のお巡りさんに声をかけられた。

「おねえさん、どこから来たの。東京？　それはまた珍しい。何しに？」

「ただ島歩きに。街並みすごいですね」

「家の階段が急でたいへんでしょ。みんな足腰鍛えんとやけん」

そのためか、さっきから何人も島の人たちが港沿いをランニングしている姿を見かけた。そう言うと、「それはダイエットかな。まあ、ごゆっくり」と早足で先にトンネルを抜けていった。

遅れてトンネルを抜けると、埋め立て地に出た。まるで団地やらアパートが何軒も隣り合っているように見えるけれど、一つひとつが別の個人宅らしい。外壁の色が違うところで、所有者も変わるらしい。

整然とつくられた道や家が、いかにも埋め

埋め立て地はアパートみたいな家が並ぶ

立て地にある街の景観だと思った。まっすぐな一本道を、首を後ろに倒しながら家をじろじろと見学しながら歩いた。埋め立て地エリアのほうが、後からできたからか、道がいささか広くて、開放感があった。

突き当たりを左へ、道なりに歩くと、マリンスターの船が発着する桟橋が見えてきた。

オオバソと呼ばれる地区で、堤防に腰掛けた。

ざばーんと打ち寄せては、するすると引いていく波の往来を、ぼうっと眺めながら、小休止をとることにした。

太陽が西に傾き、空の色が優しくなっている。海はそれに呼応して、さらに優しく、淡いシルバーの布みたいに煌めきながら揺れていた。この港には、夏から初冬にかけて、大きなエイが入って泳ぐという。

シャーッと音がしたので、後ろを振り返ると、黒い犬の行方を追っていたおじいちゃんがいた。

「あ、ワンちゃん見つかりました？」

自転車から降りて、おじいちゃんはちょっと気まずそうになって、

「おいどんより先に、家に帰っとったんよ。もう、げんこつじゃあ」

自分のことを「おいどん」と言うのが、キュンと胸にときめいた。

「よかった！　お利口さんですねえ」

よっぽど心配だったのか、探していた犬が家に戻ってきたことで、すっかり心が軽くなったらしい。

自転車のサドルからゆっくりと降りて、道のど真ん中に自転車を止めた。この島では車は数台見かけたけれど、基本的にはリヤカーが中心のようだ。道の真ん中に自転車があっても、ひょいひょいと避けてくれる。

おじいちゃんに、「どこから来たの？」と聞かれたので、「東京です」と答えると、「生まれてから初めて東京の人を見たばい」と言った。

本当かどうかといえば、おそらくチャーミングな嘘だろうとも思うし、言葉通り受け取れば、島から出たことのない人なのかしらとも思う。

だけど、違う。おじいちゃんの人生は、男のロマンそのもので、世界放浪の旅をした私よりも、ずっと広くて大きな世界を知っている。

「おいどんは、マグロの船に乗っとったとよ」

いま、世界はとても狭くて、情報もすぐに収集できて、旅も気軽にできるようになった。友人が旅立とうが、海外に留学しようが、移住しようが、「もう、なかなか会えない」「連絡がとれない」という寂しさは本質的に消えていっているだろう。

私が13歳のとき、父がフィリピンに単身赴任することが決まり、それから15年ほど一緒に暮らさなかったけれど、今だったらもっと、父とさまざまな手段でコミュニケーションを取ることができただろうなと思う。

寂しさがあったのは否めないけれど、13歳の頃、ある種の軽い離別を迎える覚悟みたいな感覚があった。個人差はあるけれど、今の時代よりも、アナログな時代には、別れの名残惜しさが常に人の心のなかにあった気がする。

おじいちゃんが、片足ずつ、ゆっくりと海のほうに放り投げるようにして、私の横に座った。白いニューヨークハットが、日焼けしたおじいちゃんの肌に、よく映える。年齢は教えてくれなかったけれど、たぶん75歳は超

昔話をするおじいちゃんの人生ロマンを堤防で並んで聞く

えていると思う。

　島生まれ、島育ちだと言った。

「この島は、9割の男たちがマグロにかかわるんよ」

「遠洋漁業？　ほとんどの島の男性が家を留守にして？」

「そうよ。何ヶ月も海にいて」

　マグロ漁船の漁師は、2ヶ月以上海の上にいて、3日だけ家に戻ったら、また海へ出る生活。おじいちゃんは、15歳のときに初めて船に乗って、東南アジアの各国の港をまわったらしい。

　船頭は父親だった。島生まれの男たちは、時がくれば船に乗り、人生のほとんどを海の上で過ごしていたようだ。

「遠いところでは、地中海のときもあったし、ハワイ沖のミッドウェイまで行くこともあったばい」

「そんな遠くまで、この島から行ったんですねえ。船に乗って、危険な目にあったことはある、おじいちゃん？」

「今より治安が悪いところもあるけんね。仲間が銃で撃たれたこともあったし、船が壊れたこともあったし、いろいろよ」

「撃たれたの？　こわい！」

「不思議となあ、そんなときは、膝が立たなくなるばい」

そのときは、他国へ船を停泊させる許可が、サイパンで止まってしまっていて、伝わっていなかったそうだ。インターネットのない時代の話だ。

おじいちゃんは、膝をさすって、水平線のほうを眺めている。

「バババババって、蜂の巣のように撃たれた人も見たんよ」

小説や映画のシーンを聞くみたいで、想像がつかない。

「おじいちゃん、怖いねえ。今だったら、大ニュースになっちゃう。でも楽しいこともあったの？」

「楽しいというかあ、いろんな国の港に着くと、やっぱり日本というのは信頼があったけん、女たちが駆け寄って来て、いろんなものを欲しがられた」

「たとえば？」

「やっぱり、あれよ、薬よ。みんな、まずは薬をくれ言うてな。日本製は人気があったとよ。あとサロンパスも人気があった」

「サロンパス!?」

おじいちゃんが、そのときを懐かしむように、目尻のシワをきゅっとよせて、いたずらな顔で笑った。話を聞かせながら、おじいちゃんは、昔のその日に戻っているのかなと思った。だから、たくさん聞きたいことがあったけど、なるべく現実に引き戻したくなくて、堪える。

代わりに、後ろから声がして振り返ると、おばあちゃんがいて、

「あらあら、若い子とお話ししてて、ええねえ」とおじいちゃんをからかった。

「東京から来たって言うけん」

ちょっと言い訳をするように振り返って、また視線を水平線へ戻した。

「あれなあ。ベトナム戦争のときやけん。何人も船に乗せて助けてやったなあ……」

「ベトナム人⁉ 船で助けたって、おじいちゃんが？」

目の前の港に停泊している長さ20メートル程の船を指差して、

「こげん船に、50人くらいのベトナム人を乗せてやった。助けてあげないわけにもいかんけん。島に連れて帰ってきたとよ」

ベトナム戦争中、海に杭をたてて、網を設置しているときに、戦禍のなかを逃げるようにして、小舟に乗って漂流していたベトナム人を助けた。なかには、赤ちゃんを抱いた女性もいたという。

可哀想に思って、船にたくさんのベトナム人を乗せたものの、日本には連れて帰ってはい

けないと、国から言われた。

「どこかに置いてこいって、国が言うけん」

それはそうだろう。戦時中とはいえ、マグロ漁船で、保戸島にベトナム人を連れて帰るなんて、当然、問題になる。それに、船に乗せたことで、マグロ漁ができず稼ぎもなかった。700万円や800万円の損失だったという。

だけど、結局島に連れて帰った。なんとか赤十字が少し援助してくれたものの、売上げのない遠洋漁と、島でのベトナム人のための生活費を考えると、とんでもないことをしてしまった。島で、彼らが働けるはずもない。

「でもな、どこかに置いて帰るなんてできんかったけん」

もっと昔は、人の心が社会の枠を超えたところで行動する人間が、多かったのかもしれない。結果的にどうなるかは別として、常識や法に捉われず、自分の信念に従って、善いと思えば実行する勇気があった。

「あっちを見てみ」

おじいちゃんが、堤防に座った体を大きくねじ曲げて、後方に広がるアマルフィみたいな街並みを指差した。なんて太い指なんだろうと思った。小指がちょこっと曲がっている。

「これ、み〜んな、マグロバブルよ」

保戸島の港に、バブルの頃はマグロ漁船が160隻以上停泊していたらしい。日本中では、どこもかしこも、マグロを食べたらしい。釣れば、飛ぶように売れた時代だった。

それで稼いだお金で、島の人はつぎつぎに自分の家を建てた。なるべく大きな家を、横に広げるわけにはいかないから、上に上にと、階を増やして。結果的に3階、4階建ての家がたくさんできた。

「島で一軒3000万円よ。みんなとにかく稼いどったとよ」

「さ、3000万！　島でみんながそれ以上に稼いでいたってことかあ。マグロって儲かるのね、おじいちゃん」

「成田や羽田や中部や、みんなマグロ市場みたいになって、日本以外の国からもマグロが届いとった。そんな時代ばい」

「え、空港がマグロ市場みたいになっていたの？」

「そうばい」

バブル時代は経験していない。だけど、当時を偲ばせる豪壮な家の景観が島中に広がっていると、納得せずにはいられない。

「あそこの埋め立て地には、行ってみたと？」

おじいちゃんの言う場所は、港を背にして左手にずっと歩いていった、押上りトンネルの手前にある。私が、いまさっき歩いたところだ。四角いアパートみたいな家が、ずらりとひしめきあっていた。

「インドネシアの人が住んどるばい」

津久見港にある、セメント会社の支社が当時インドネシアにもあり、そこからマグロ漁船に乗る船員が3年ごとに移住してきたそうだ。バブルのときは、敷地面積が足らないために、海を埋め立てて家を建てた。

「給料が安くてすむけん、インドネシア人を雇っとったと。今でもおるよ」

インドネシアからの漁師が、日本のマグロ船に乗って出稼ぎするドキュメンタリー番組を見たことがある。どこか日本の遠い場所で起きている出来事と思っていた。

島には、インドネシア以外にも、さまざまな国の船員がいたらしい。

「みんな宗教が違うけん。豚がダメ、牛がダメ、野菜だけなんていう船員も多かったし、漁をしとっても、時間になると祈りをはじめるとよ。みんなバラバラやった」

おじいちゃんが、面白そうに笑う。

知らないことは、さらにある。

「アメリカの潜水艦と衝突したえひめ丸にも、保戸出身の船員がおったとよ。今でも、事故の日には、ここから船でお花を持ってなあ、出航しとる」

「保戸島って、濃厚なドラマがあるんですね。ちょっと脳みそが追いつかない！」

えひめ丸は、愛媛県立宇和島水産高等学校の漁業練習船で、多くの生徒が乗船していたなかに、保戸島出身の生徒がいたということか。それに続けて、第五福竜丸の事件が起きたときも、保戸島のマグロ船が近くにいたと言った。もちろん、おじいちゃんが語る話だ。必死になって調べれば事実かわかるかもしれないけれど、それは必要ない気がした。今は、〞おじいちゃんの人生〟の話を聞いているんだから。

ただ、改めて男たちは、決死の覚悟をして、港を旅立ち、遠洋に向かっているんだと思った。大自然と向き合って、いつ船に危険が及ぶかもわからない。

おじいちゃんが、また体を後ろに反転させて、家並みを眺めた。

「それでものう、兵《つわもの》どもが夢の跡じゃあ」

潮風がひゅーっと吹いて、おじいちゃんの白いニューヨークハットが飛ばされそうになった。島のなかは静かだ。今はもう数えるほどの漁船しか動いていない。

15歳から船に乗り続けたおじいちゃんたちの人生は色濃く、激動で、世界はとても広かった。1年の長い時間を船で過ごし、その稼ぎで弟を大学に入れてやったという。弟は島を出て、〞偉くなった〟らしい。

「もう島には帰ってこん。東京の人になってしまったけん」

寂しいのか、悔しいのか、悲しいのか、仕方がないのか、そのどれともとれる表情をしてから、わずかに微笑んだ。

島で生まれて、マグロ漁船に乗って、家計を支え、弟を大学にやり、ベトナム人を助けて……、だけど自分は、と呟いた。

「おいどんばっかりよ……」

島の全盛期と衰退は、海の満潮と干潮みたいにやってきて、その潮の動きに合わせるかのように、おじいちゃんをはじめ島の人たちの人生も浮き沈みがあったはずだ。嬉しいとか、悲しいとか、そんな瞬間が幾度とあった人生に違いない。

今、島に残ったのは、マグロに人生を賭けた男たちが築いた街並み。

〝兵どもが夢の跡〟が、夕陽にやさしく染まりはじめた。

「ね、おじいちゃん？」

遠くを見据えたような鋭い視線は、日常的なやさしい視線になって、私を見た。

「おじいちゃんね、もし生まれ変わったら、またマグロ漁船に乗る？」

「おいどんか。いや、わからん。もうマグロには乗らんかもしれん」

「そうなの」

「まあ。わからん。でも、〝おなご〟には生まれん」

「どうして、女の子はダメなの？」

「自由がいちばんじゃ」

おじいちゃんの時代は、女性たちは、島の外に出て、どこかに働きに行かなければ仕事がなかった。あるいは、マグロの遠洋漁に旅立つ男たちを見送り、家を守らなくてはいけなかった。

生まれたときから、マグロ漁船に乗ることが、運命的に決まっていたとしても、男ならば船に乗れた。そして、大きな世界を知ることができた。

今はおじいちゃんの時代と違って、女たちは自由な生き方をしている人も多い。「男が自由だ」なんて発想をされたら、ちょっと違和感を覚えるほど、時代は変わった。

さっき桜の木の下で、穏やかに話していたおばあちゃんたちを思った。おじいちゃんが騒ぎ立てる犬を、「たいしたことないけん」という調子でおおらかに受け取っていた。

もしかしたら、おじいちゃんが思うよりもずっと、女たちの心は海よりも広く、本当の自由を知っているのかもしれないと思った。

船が港を離れる。

みっちり、ぴったり、ぎゅっとした家々が遠ざかっていく。背が高く、カラフルな家が、いつまでも見送りしてくれているみたいだ。

赤色に燃える夕陽が、海を赤く包み、旅路を照らしてくれる。大航海を前にして、故郷から旅立つマグロ漁船の男たちも、きっと同じ光景を見てきたのだろうと思った。保戸島の街並みは、マグロに人生を賭けた男たちと、家を守った女たちの軌跡なのである。

第九章 〈パワースポット〉

志々島 ——— 島の守り神と妖精に出会う

香川県志々《しし》島の北西側に、樹齢1200年の楠がある。島では、昔から大楠《おおくす》と呼ばれている。太い枝がにょきにょきと四方に伸びて、龍のように見える。太陽の光がさすと、空に広がる緑の葉は光焔《こうえん》のごとく輝く。

固い樹の鱗をまとった幹に、両手を広げて、抱きついてみた。ぜんぜん、後ろに手なんて回せなくて、ただ、体を大の字にしてもたれかかったようになるだけ。

さわさわと、葉っぱが揺れて、騒ぎだす。優しい音。

安心感と癒しを感じ、じわ〜りと、あたたかいエネルギーが体に注入されて、満タンになっていくみたい。

「ね、すごくないですか？　パワーがあるでしょう？」

横で、大楠まで案内してくれた井出さんという女性が、嬉しそうに言った。

「間もなく電池切れしそうだった体が、フル充電された気分！」

太い幹にくっ付いたまま、叫ぶような声が、思いのほか出てしまった。

嘘ではなくて、目に見えないパワーが体に入ってきていると感じた。だから、いつまでも、どっしりと構える大楠に体を委ねていたかった。

ただ、普段は大楠の周囲にはロープが張られ、通常は幹に触れられない。抱きつくなんて、もってのほか。大楠は神様で、大切に保存されている県指定の天然記念物だ。大楠の海側には赤い鳥居があって、その手前で拝礼するしかできない。

このときは、志々島のために、島の方たちと一緒に、志々島振興合同会社を立ち上げ、活動している井出喜久美さんがたまたまいて、特別にロープの中に入れてもらうことができたのだ。

といっても、そのときはまだ、島に宿もなくて、マニアックな人でなければ、わざわざ大楠を見に来る人もいなかったし、そもそも瀬戸内海の周囲3・8キロの小さな島に、樹齢1200年の大楠が生きているなんて、知っている人は少なかった。

今は、井出さんたちがクラウドファンディングで資金を調達して、古い空家を再生してつくった宿「ゲストハウスきんせんか」がある。メディアにも頻繁にとり上げられるようになった。外国人の旅行者をはじめ、大楠を見に来る人が急激に増えたらしい。

その後、ロープが張られ、台風で破損した鳥居も綺麗になって、鳥居の向こうには、新しくお賽銭箱が設置されるなど、来島するたびに進化していった。

「大楠を守るためには、こうしないと」

という思いが、島の人にある。昔から、島の人たちにとって、大切な守り神として崇《あが》められてきた。いま、島の人口は17人。そのうちの半分くらいが、Uターン組や、大阪や東京、同じ香川県高松からの移住者だ。

「移住してくる人たちがね、皆、大楠に魅せられて来るんです」

55歳のときに早期退職して、志々島にUターンしたきた山地常安さんが言った。育ちは島外だけれど、両親が志々島出身で、高校生くらいまでは、よく志々島に遊びに来ていたらしい。

「僕の奥さんも、初めて来たときに、一目惚れです。ここに住む！　って言うもんやけん」

奥さんは大楠に出会い、一瞬で島を気にいった。それからもう10年以上が経った。一度も、島を出たいと思ったことがないという。

「まあったく、ストレスがないんよ」

山地さんは、井出さんたちと一緒に、志々島振興合同会社をつくった人の一人。もう一人、北野省一さんという、「ちびまる子ちゃんのおじいちゃんみたい」と、島に移住して来たさっこちゃんが言う男性も、メンバーの一人だ。

山地さんは、会社を辞めて、本当は海外に移住しようと考えていたそうだけど、気付けば、ここにいた。

「不思議な話をしますけどね、呼ばれたとしか言えんようなことが、たくさんあってね」

「どんなことがあったんですか？」

「住む家にしても、とんとん拍子に決まったし、島だから船がいるんやけど、それも必要なタイミングで譲り受けたんよ。住みはじめたら、漁も教えてもらって、漁師にもなっとった」

島に来た頃、神社の近くに置いてあった船を見つけ、「これ、使えたらええなあ」と思っていたら、持ち主が後日、「もう使わんけん。この船あげるわ」とくれたというのだ。漁も、気付けば漁業組合に入って、魚をとれる権利を取得していた。野菜と魚があれば、食べ物には困らない。

「へ～！ 目に見えない何かが、『ここに住みなさい』って、次から次へと環境を与えていってくれたみたいですね」

ニコニコしながら、山地さんが珈琲を飲んで、うなずいた。

話を聞いている場所は、島の人たちや、観光客が集まって、話をしたり、珈琲を飲んだりする休けい処〝くすくす〟だ。港のすぐ傍にある。

この日は、クルージングで大楠を見に来た団体もいて、賑やか。イギリス人の夫婦もいる。50歳前だという可愛らしいマダムと目があうと、にっこりと笑ってくれた。

その夫婦は、世界中を5年ほど旅しているそうだ。家を留守にしなければならない家庭で留守番をしたり、ベビーシッターをしたり、オンラインで英語を教えたりして生計を立てながら、悠々自適に生きている。

どちらも二度目の結婚で、子供たちが大きくなって、自分たちの残りの人生は、自分たちの好きなように生きようと思ったらしい。

旅をしていて、こういう人たちに、何度出会ってきただろう。こうでなければ、生きていけない。なんていうのは、ただの思い込みにすぎないと思い知らされる。今、さまざまな方法を駆使すれば、生き抜いていける時代にきているんだろうか。

さっき、この団体と一緒に、私も大楠を見にいった。大楠までの道は、ちょっとした登

島の休けい処くすくすは、島内外の人たちの交流場

山みたいで、健脚でないと、キツい。島の中央より北西の海側にあり、そこまでは急な登り坂なのだ。登ったら、今度は急な下り坂が待っている。つまり、大楠は、小山を登った真下の谷間にある。

島のおばあちゃんたちは、もうなかなか行けないと言っていたけれど、たしかにつらい道だと思う。志々島のフェリー乗り場から、ゆっくり歩いて30分ほどの場所なのだけど。

はあ、はあ、はあ。

前に、真夏に来たときは、汗だくになったのを覚えている。大量の蚊がつきまとい、蚊取り線香を腰にぶら下げながら歩いた。雑草も生い茂り、巨大な大楠でも、遠くからでは姿を隠されてしまって、見えなかった。

この日は、真冬。体がぽかぽかとしてきて、ちょうどいい。雑草も背丈が低く、谷間へ下る途中から、巨大な大楠の姿が目に入った。

ジャングルで忽然《こつぜん》と現れた遺跡を見た、冒険家が狂喜乱舞したように、初めて大楠を見たイギリス人の二人は、「アメージング！」と言葉をもらしながら、龍のように四方へ這う枝を目で追った。

大楠の下の鳥居の前で、拝礼をする。上を見上げると、空を覆いつくしそうな、緑が広がる。

「こんな素晴らしい木を、これまで見たことがないわ」

「ここには、フェアリーがいるね」

世界中を旅してきた二人が、そんな会話をしている。

根が広がっていると思われるあたりは、ロープが張られて立ち入りできない。ただ、大楠のまわりには、ぐるっと道ができているので、じっくりと眺めることができる。

イギリス人夫婦が話す、妖精。

実は、私も初めて井出さんに案内されたとき、同じことを思った。実際に、枝の上側には、可愛らしい宿り木がぽんぽんと生えている。それが、妖精のようにも見える。人のいない時間、映画『もののけ姫』のこだまみたいに、妖精が、大楠の幹を登ったり、枝の上を走ったりしてそう。

志々島の大楠は、中央の幹の太さが周囲12メートルで、高さは22・5メートル。そして、枝が東に25メートル、西に20メートル、南に17・5メートル、北に20メートルと伸びている。

一見、他の木と様子が違うのは、明治時代に土砂崩れがあり、幹の下がほとんど土の中に埋もれてしまったため、土の上からいきなり枝が四方に伸びている。本当だったら、幹が枯れてしまう状態らしい。それなのに、幹が折れても、折れたところからまた新しい幹を伸ばし、平安時代から島のシンボルとして、切られることなく大切にされてきた。

この独特の見た目が、神秘的なのだと思う。

「やったー！　はい、次！」

ジャラジャラ。

休けい処くすくすの一角では、島の人たちが数人、楽しそうに将棋でゲームをしている。その中にいるのが、少女のようなさっこちゃん。髪の毛を左右に横結びして、ベージュの割烹着のような羽織物を着ていた。

ゲームが一段落した頃に、聞いてみた。

「さっこちゃん、どうして、島に移住しようと思ったんですか？」

そう言うと、彼女は、とても、とても恥ずかしそうにして、

「えへへ。地図を広げてね、ここ！　って決めて来たけん」

大楠を前に「アメージング！」ともらすイギリス人夫婦

ずいぶん突飛な話に聞こえるが、さっこちゃんが言うと「だろうな」と納得してしまう。

「さっこね、ピアノを弾きたくて。島なら、きっと、思い切り弾けると思ったけん」

「だけど、それでも、一度志々島に来てから住もうと思ったんじゃなくて？」

「ううん。もう、住むって決めて来たの」

うふふふふ。と、彼女は笑う。

「そうなんだ。いきなり、住みたいって来たの？」

「そう。いきなり来て、住みたいですって、島の人に言ったの。みんな、びっくりしとったよ」

うふふふふ。と、また彼女は笑う。ころころと、小鳥がさえずるような笑いに、おっとりとした話し方をする。まるで、天使みたい。だけど、彼女の手を見ると、畑仕事の大好きなおばあちゃんみたいに、ぷっくりとして、ちょっと泥がついて、しわしわしていた。

横にいた山地さんが、

「ねえ、ほんま、変わった子ですけど。島のみんなに可愛がられてねえ。座敷童みたいでしょう？」

あははは、と笑う。

彼女が初めて島に来た日、第一村人に、「ここに住みたいです」と声をかけると笑われた。

次に、第二村人には、「無理じゃけん、帰りなさい」と言われた。

どうしようかと困った帰りの船で、志々島の郵便配達をする人に声をかけたら、「それなら、山地さんに話してみたら、なんとかなるかもよ」と、紹介してもらったらしい。そうして、無事に移住することができた。

「でも、なんか、最初はこの島、怖かったんよ」

島に降り立った瞬間、なんというか、島そのものに、畏怖を覚えたらしい。だから貝殻の一個だって、拾って帰れなかったと言った。

島に来るまで、彼女は日本のあちこちを、ムーミンに出てくるスナフキンのように、移動しながら気ままに暮らしていたという。その暮らしのなかで、彼女の荷物には、自然のお土産が、いっぱい詰まっていたのだろうなあと思った。

それからさっこちゃんは、とびきり小さな声になって、両手を口にあてながら告白してくれた。

「あんまりな、不思議なことを言うと、島のおばあちゃんたちに怒られるけん。でもね、さっこ、この島は……、えっと……」

「……神様みたい？」

と、私も、こっそりと聞いてみる。すると、コクンとうなずいた。なぜか、好きな人に告白する女子のように、恥ずかしそうにしている。

そう私が言ったのは、私自身がそう思ったからだ。そもそも、島というのは、それぞれの場所で、独自のスピリットが存在していると感じることが多い。だからこそ、神社仏閣のない島はないいし、お寺がなくとも、自然崇拝をしている神秘的な場所は必ずある。どんなに小さな島でも。

現に、周囲3・8キロの志々島には、お寺がひとつ、神社が5つもある。もちろん、島の守り神とされる大楠は、大楠神社とされて、圧倒的なパワーがみなぎっている。ここに、イギリス人夫婦も言ったように、妖精なり、精霊なりがいて、当然ではないかという気がしてしまう。

特別な許可をもらって、大楠の巨大な幹に抱きつく私

その日の夜、天使のような、妖精のような、座敷童のようなさっこちゃんが、私の泊まるゲストハウスきんせんかに、ギターを持ってやってきた。

小さなバッグから、ピンポン球のようなフルーツがぎっしりと詰まった瓶も取り出した。島の金柑でつくった、彼女手製の金柑酒らしい。

荷物を置き、ふっと部屋から姿が消えたと思ったら、お湯のみと、やかんを持って、ふたたび現れた。

「ありがとう。ねえ、さっこちゃん、スナフキンみたいね。旅して、ギターを弾いて、気ままに生きている」

「のぞみちゃんだって、旅して、スナフキンみたい」

「私は、もっといろいろなものに、縛られているよ」

さっこちゃんが、お湯のみに金柑酒をとくとくと入れ、それからやかんのお湯を入れた。ふわふわと、湯気が注ぎ口から現れた。

ここから、アラジンが登場しても不思議ではないなあって、そんな気分になっていた。

「そうかあ。さっこは、ピアノと、猫のプーがいたら幸せ」

両手でお湯のみを持ち上げて、口に運びながら、さっこちゃんは、自分の大切な〝幸せなこと〟を、あけっぴろげに教えてくれた。私も、金柑酒をいただく。とろっと甘くて、少しだけ、苦くて、すっぱい。

私の幸せって、なにかしら。

あれも、これも、あ、でも本当は違うかも。脳内でぐるぐると巡らす。シンプルな答えが、簡単には出てこない。

さっこちゃんは、香川県の生まれた家を離れて、点々と移動しながら暮らすなかで、ようやく見つけた居場所が、志々島なのだ。それまで、自分の家がほしいと思ったことは、一度もなかったらしい。

「この島に来てから、唄うようになったけん。聞いてくれる？」

ゲストハウスきんせんかは、畳の部屋がふた間しかない。縁側があって、その先には、瀬戸内海が見える。夜になると、四国本土の港で、煌々《こうこう》と光る電灯が地上の星のように、キラキラとして見える。

さっこちゃんは隣の部屋まで移動して、こちらを向いて、座り直した。

まず、童謡を唄うと言って、ギターの弦に指をあてた。小さな体に、ギターは大木のようだ。だけど、彼女の子供のように、気持ちよさそうに、抱かれている。

やさしい声が、ゆっくりと、島中の精霊たちを眠らすように、こぼれだした。歌というよりも、語りかけているような、穏やかな声。

「うふふふ。それから、次の歌はね、島のおばあちゃんの畑仕事を手伝っていた帰りに、口ずさんでいたら出来たの」

歌を聞いていたら、さっこちゃんがおばあちゃんと、畑で一緒に過ごしている光景が浮かんできた。

おばあちゃん、野菜って、そうやって作るの？　太陽の光いっぱい受けて、気持ちよさそうやねえ。おばあちゃん、潮風がそよそよ吹いていて、葉っぱが揺れているよ。おばあちゃん、島で生きるって、ええなあ。

いつの間にか、さっこちゃんの姿が自分に変わって、気持ちよさが伝わってきた。

「さっこちゃん、ステキ！　ほんとに志々島にきてから唄うようになったの？」

「うん」

また一緒に金柑酒を呑みはじめて、さっこちゃんは、急に、この島には好きなことが10個あると言った。

たとえば、大楠。たとえば、島のお父さんとお母さんみたいな山地さん夫婦と、やさしいおじいちゃんの北野さん。たとえば、島で暮らす知恵を教えてくれる93歳のおばあちゃん。それに島のアイドル、ヤギたち。名前はチョコとかりんごとか、島の人たちと一緒に決めた。

「前にね、島に来た、何とか学者の人が、教えてくれたんよ。むかーし、むかしは、2日に一回季節が変わったんだって。春、夏、秋、冬。4つしか、今はないじゃろ？」

「2日に一回！　たしかに、春なのに、夏みたいな日も、冬みたいな日もあるのに、季節が4つって、不思議だね」

きっと、多彩な色のように、季節も本当は多彩なのだ。それを、毎日感じるようになったらしい。

「あとね、この島のおばあちゃんがね、1時間かけて、山の上のお地蔵さんに手を合わせにいくの。それで、『肩こりをとってください』ってお願いするんやって」

瞳孔を広げて、キラキラさせて話してくれるけど、彼女の瞳には、私じゃなくて、島の日常が映っている。

たおやかな時間のなかで浮かんでいるような暮らしに、スナフキンさっこも感動したらしい。

さっこちゃんが帰ったあと、しばし静寂が訪れた。だけど、静寂はあっという間に破られる。

ガタガタ。ざわざわ。トーン、トーン。がさっ。ぶわーん。

風が強いせいもあった。寝静まった夜は、対岸の四国本土から聞こえてくるクラクションやエンジン音がしないせいか、自然の音がよく聞こえてくる。

「ここは、自然で、賑やかやろ？」

休けい処くすくすで、そう言ったさっこちゃんの言葉が浮かんでくる。

目を閉じて、耳の奥の奥まで、感覚を研ぎすませてみた。

風がぐるぐる騒ぎはじめて、いつも凪いでいる海がざぶーんざぶーんと波を立て、枯れ葉がかさかさ擦れあって、緑の葉っぱがひらひらと樹木から舞っていく。大楠の傍では、さっこちゃんがギターを奏でながら唄って、龍のような枝のうえで、妖精たちが踊っている。自然の舞踏会。

夢のような、そんな空想が浮かんで、気付いたら眠ってしまっていた。

ゲストハウスきんせんかの縁側から見える瀬戸内海と集落

朝、風音で目が覚めた。ストーブのスイッチを入れて、まず部屋を温める。それから縁側に立って、瀬戸内海を眺めたら、海面に白うさぎが走っている。

今日はちょっとだけ、天気が悪いみたいだ。昨夜に引き続いて、自然がざわめいていた。

7時にゲストハウスを出て、歩きはじめた。

パック詰めの炊き込みご飯とペットボトルのお茶をつっこんだエコバッグを肩にかける。大楠の下で、朝ご飯ピクニックをしようと思った。

夜中、ちょこっと雨が降ったみたいだ。足元がゆるくなり、やわらかい。ごつごつした石の階段は、湿って、灰色や焦げ茶色が濃くなっている。

大楠までの道は、亀のイラスト看板が道標だ。小さな集落だけど、くねくねと道を曲がり、集落の奥へ、奥へと歩かされる。ほとんど階段で、徐々に目線が高くなり、集落のみっしりと寄り合った瓦屋根が見下ろせる。

小径は、冬とは思えないほど緑が多い。もちろん、夏はジャングルさながら、緑が燃えるように生えて、人口の少ない島では、手入れもなかなかできずに、草をかき分け進むようになる。

昨日は夕方、イギリス人夫婦や他の人たちと、せわしく一緒に登った小径だ。1時間かけて、山の上のお地蔵さんまで、「肩こりが治りますように」とお祈りにくるおばあちゃんを想って、ゆっくり、ゆっくり、登る。

途中にある、利益院《りやく》というお寺に寄ってみた。集落を一望でき、瀬戸内海がぱあっと開けて見える。

昭和40年頃から平成初期まで、志々島は、「花の島」と呼ばれていた。花卉《かき》栽培をしており、ゲストハウスの名前の由来ともなった、オレンジ色のきんせんかをはじめ、白色のマーガレットなどの段々畑が、パッチワークの絨緞のように広がっていたらしい。

除虫菊が栽培されていた時期は、対岸から、島全体が白く見え、幻想的だったようだ。切り花は、他県あちこちへ出荷されていた。

「それを復活させたいと思っておるんですわ」

島にUターンして暮らす山地さんが、そう言っていた。

志々島は、現在人口が17名だけど、もっとも多い時で1200人程暮らし、集落も4つあった。その頃と同じように復活させるのは、一朝一夕にはいかないだろう。

でも、なんだか、遠くない未来に、それは実現するんじゃないかという気がした。理由はないのだけど、確信を伴った希望的観測だ。

竹のトンネルのような階段を登ると、ジャングルに眠るような、鬱蒼とする木々のなかに、小さな石の苔むしたお墓が点在していた。その数だけでも、当時どれほど多くの人が暮らしていたかが窺える。

もはや、永遠に待っても、参る人が来ないお墓も多くありそうだ。だけど、不思議なほど、さみしそうだなと思わなかった。賑やかな自然に包まれているからだろうか。

さらに登ると、ようやく、大楠入り口の看板がでてきた。傾斜にそって張られたロープを摑みながら、ぬかるんだ足元に気をつけて降りていく。地面にびっしりと生える青草の表面に、雨露がきらりと美しく光っている。

10メートルくらい下ると、左手に凜然《りんぜん》とした大楠が見えはじめた。

朝だから、誰もいない。ゲストハウスは今のところひとつしかないので、この島の本日の宿泊者は私だけ。地元の人も来ないだろうから、ここに誰もいないのが普通だろう。だけど、やっぱりさみしくも、まして怖くもない。

「おはようさん」

って、大楠が待っていてくれたような気がする。

「大楠さん、おはよう！」

さっこちゃんが、いつも「大楠さん」と言うので、すっかりうつってしまった。ただ、一人だと思って声をかけたあとに、なんだか周囲の木々に聞かれている気がして、ちょこっと恥ずかしくなった。

　大楠を眺めるように、ベンチに座ってうーんと伸びをした。キンッとした空気を吸い込む。森のような、潮のような、自然の香りがした。

　大楠のまわりは、綺麗に草刈りがされている。山地さんが、2ヶ月に一回、島外から県内外のボランティアがきて、草刈りをしてくれるのだと言っていた。これは、もう10年以上も続いている作業らしい。

　NPO法人瀬戸内オリーブ基金が瀬戸内海の緑を守る「大きな木プロジェクト」を展開しており、すばらしい樹木を後世に残すために、さまざまな人に声をかけたところ、大楠を維持継承していきたいと願う多くの人が、ボランティアとして参加してくれるようになったそう。

　個別に活動していた人たちが、大楠の前でひとつになって、草刈りや、ロープ設置、道標となる表示杭の設置、ベンチの設置などをしている。人口が著しく少ないうえ、高齢者の多い志々島では、島の人たちだけではとてもできないことだった。

「わお、すごいな、ここ」

　と、きっと大楠を見て誰もが思うけれど、景観をよくしてくれているボランティアの人たちがいるからこそだ。

エコバッグからお茶を取り出して、ごくごく飲んで、また大楠を見あげた。昨日も来たのに、なんだか違って見える。お天気のせいだろうか。

さっこちゃんが、大楠は、学校の女の先生みたいだと言っていた。たくさんの子供たちを、母のような優しい眼差しで見守るようだと。

山地さんの奥さんが、さっこちゃんにこう言ったことがあるらしい。

「何かをするのは簡単だけど、何かを待つことは難しい。でも、大事なことよ」

一方で、島のおばあちゃんは、こう言ったことがあるらしい。

「何かやるのは、難しいやろう？　だから、楽しいなあ」

さっこちゃんにとって、島で出会ったお母さんやおばあちゃんは、大楠さんに重なり、彼女たちが教えてくれる言葉は、大楠さんの言葉のようだと、受けとったらしい。

プラスチックのパックを開けて、炊き込みご飯を口にいれた。ひんやりとしている。でも、美味しいなあ。

昔は、ここで、島の人たちはよくピクニックをしていたらしい。おばあちゃんたちが、それを懐かしく話してくれるうちに、さっこちゃんは、「大楠祭」とうたって、初夏にピクニック大会をしようとしていると言った。

大楠さんもきっと、嬉しいだろうなあ。

そんなふうに思って、またお茶をごくごく飲んでから、大楠のまわりをぐるっとまわって、手を合わせた。ロープのなかに入らないように。だけど、充分にパワーをいただいた。

昨夜、ゲストハウスきんせんかで、宿泊者ノートが置いてあったので、パラパラと眺めた。そのなかで、大楠の絵やイラストを描いている人たちもいた。

きっと、長い時間、ここで過ごしてから描いたんだろうなあと思わせるものだった。私も、旅先で、ときにへたくそな絵をスケッチブックに描いたりしてきた。だから、なんとなく気持ちがわかった。

その場で金縛りにあったみたいに、ずっと、ずっと目の前の光景を眺めていたら、たとえ宿に戻ってからでも、意外と描けてしまうし、描きたくなってしまう。

そういえば、山地さんが「楠の倉展望台がいいですよ」と言っていたから、大楠の入り口をさす看板からさらに山道をすすんでみた。

ものの3分ほどで、小さな木造の小屋「楠の倉展望台」があって、180度の壮大なパノラマがひろがった。海を見て右手の谷の下のほうに、大楠がある。上からだと、大楠の頭のほうがわっさわっさと見下ろせる。

夕陽が綺麗に見られるだろうなあ。

また、来なくちゃ。

いいなあと思う旅先には、心残りがあったほうがいい。そう思うようになったのは、最近だ。

長年旅をするなかで、焦らない、欲張らない、無理をしないと心に決めたほうが、旅路は楽しいと学んだ。これは、日常にもいえることだ。

それから集落にもどり、港のほうを散策した。志々島は、両墓制という墓制風習があり、亡くなった人の遺体を埋葬する埋め墓と、お詣りをするための詣り墓が、一人の死者に対してつくられる。

その埋め墓は、港に降りて、右手のほうに歩くと見えてくる。お墓に対して使う表現ではないけれど、「ひゃー可愛い！」というのが初めて見たときの感想だった。

島の人たちがつくった楠の倉展望台。夕陽を眺めることができる

屋根がある、小さなおうち、という形をしている。大きさは、お人形とか、小型犬が暮らせそうなサイズ。家の色は、青や緑、赤、茶などカラフルで、「世界一小さなおうち」と呼ばれると、島の人が言っていた。

ときおり、お墓の陰から猫が現れて、とととととっと逃げていく。

港から反対のほうへと歩いた。実は、こっちのほうへは、あまり来たことがなかった。ちょっと行くと、ヤギがいて、その辺りまでだ。

ヤギは、山地さんたちがUターンをして、島で飼いはじめた頃は、多いときは14頭いたらしい。自分で出産、子育てをするヤギは、手がかからないので、順当に増えていったそう。

その後、あげたり、死んでしまったりと、4頭まで減った。私が近づくと、「メメメエ〜」となきながら、近くまで集まってきた。ご飯をもらえると思って、たったか集まってくる猫たちみたいで、可愛らしい。

「ごめんね、ご飯はないんだけど」

「メエエ？」

「あなたが、りんごちゃんに、チョコ？」

「メエ」

「みんな可愛いね〜」

「メエエエ」

なぜか会話になっている。柄の違う仔ヤギたちの眉間をちょいちょいっと触って、別れの挨拶をした。

それからちょっと歩くと、集落があり、神社があった。神社は、短い距離に、十握《とつか》神社、山頭神社とある。小さいながら、社殿のつくりは立派で、厳か。

さらに歩いていくと、集落の端っこに、八幡宮があった。

山地さんが、「この神社の傍に置いてあった船をもらった」と言っていたところだ。八幡宮は老朽化がすすみ、とくに社殿の屋根がひどかったので修復しようと、地元の人や島出身の人たちが奮闘して寄付金を集め、修理をした。皆の強い気持ちが集結した、パワー

可愛らしいヤギたちは、懐っこく、志々島のアイドルだ

のある場所だ。

参拝をしようと思って、鳥居をくぐった。いつもそうだけど、同じ村、街、島にいるのに、〝神社〟のなかに入ると空気感が変わる。

ただでさえ、清々しい島のなかで、八幡宮は、1度気温が下がってキュッと身が引き締まるような、厳粛な気分になった。お母さんみたいな大楠に対して、寡黙なお父さんみたい。

社殿の中央上のほう、通常神社の名前を書いた扁額がある位置には、大きな鏡がついていて、自分の姿が大きく映った。別の人間がそこに立っているように見える。そこに、なにか不思議なものでも見えやしないかと、じいっと見つめてみたけれど、鏡のなかの私も、こちらを睨みつけるような眼差しをしてくるので、やめた。

さあ、戻ろうかな。

そう思って、引き返そうとしたけれど、ふと気になって、社殿の裏側をのぞいてみた。すると、森に隠された、上のほうへ続く階段が見えた。木々に包まれ、傾斜のある石の階段は、足元20段くらいがひょっこり出ている状態だった。

行こうか、やめようか。

少し迷った。ちょっとした畏れを覚えた。もしかしたら、さっこちゃんが、この島に初めて降り立ったときの感覚に、近いのかもしれない。

こういうときは、いつも自分の直感に従おうとしてみる。といっても、「なんか行きたくないな〜」と、思うかどうかだ。「行ってみたいな」というときは、わざわざ迷ったりしないで、足が勝手に動いている。

行こう。

薄暗いなかを登りはじめる。大きな石を並べたような、ゴロゴロとした階段のぎりぎりまで木々が茂り、土は枯れ葉に覆われている。気をつけなければ、転げ落ちてしまいそうだ。はあはあと、息があがってきたところで、上に着いた。鳥居があり、また社殿があった。しーんとしている。

自ずと二礼二拍手をして、心の中でお祈りをはじめた。

急に、風がふきあげ、木々がさわさわとざわめきはじめた。やがて、木々はさらに賑やかに、ざわざわと、轟々と、音をあげた。その場が揺れているようにも感じた。

「ここは、自然で、賑やかやけん」

さっこちゃんの声が、また聞こえてくる。目を閉じたまま感じる、自然の気配がそこかしこにあった。たった一人でここにいる微かな孤独感と、私は一人じゃない、と思える安心感が全身を包んだ。

冷たい頬に、すっと生温いものが伝ってきた。

「あれ、あれれ」

泣く理由がないのに、不思議だなあ。あはは。

そう思ったら、どばどばと涙があふれてきて、止まらなくなってしまった。心の奥が、枯れ葉でなぞられたように、ちくっとする。

泣くって、とっても大事なこと。

泣きなさい、泣きなさい。

さわさわと葉っぱは揺れ続け、枝はしなり、語りかけてくる。

「あったかい」

自分の涙が思いのほかあたたかくて、それが、とても嬉しいと思った。心に、すっと穏やかで、やさしい気持ちが舞い込んできた。

「ありがとうございます」

それ以上に言いたい言葉がでてこなかった。でも、そう伝えたかったのは、目の前の神様だけではなくて、いつも一緒にいてくれる、たくさんの人たちに対してだった。

風はやみ、木々はぴたっと静かになった。

さあ、帰ろう。

階段をぴょんぴょこ降りて帰る道すがら、自然と鼻歌を唄っていた。今度また来たら、さっこちゃんと一緒に何か唄いたいな。そしたら、大楠さんに聞いてもらおうかな。

そんなことを考えていたら、対岸からやってくる定期船の汽笛が、空の上のほうから聞こえてきた。

八幡宮の鳥居。静寂で、とてもスピリチュアルな場所だと感じた

第十章

〈温泉〉式根島――地球を感じる超ワイルドな、幻の温泉

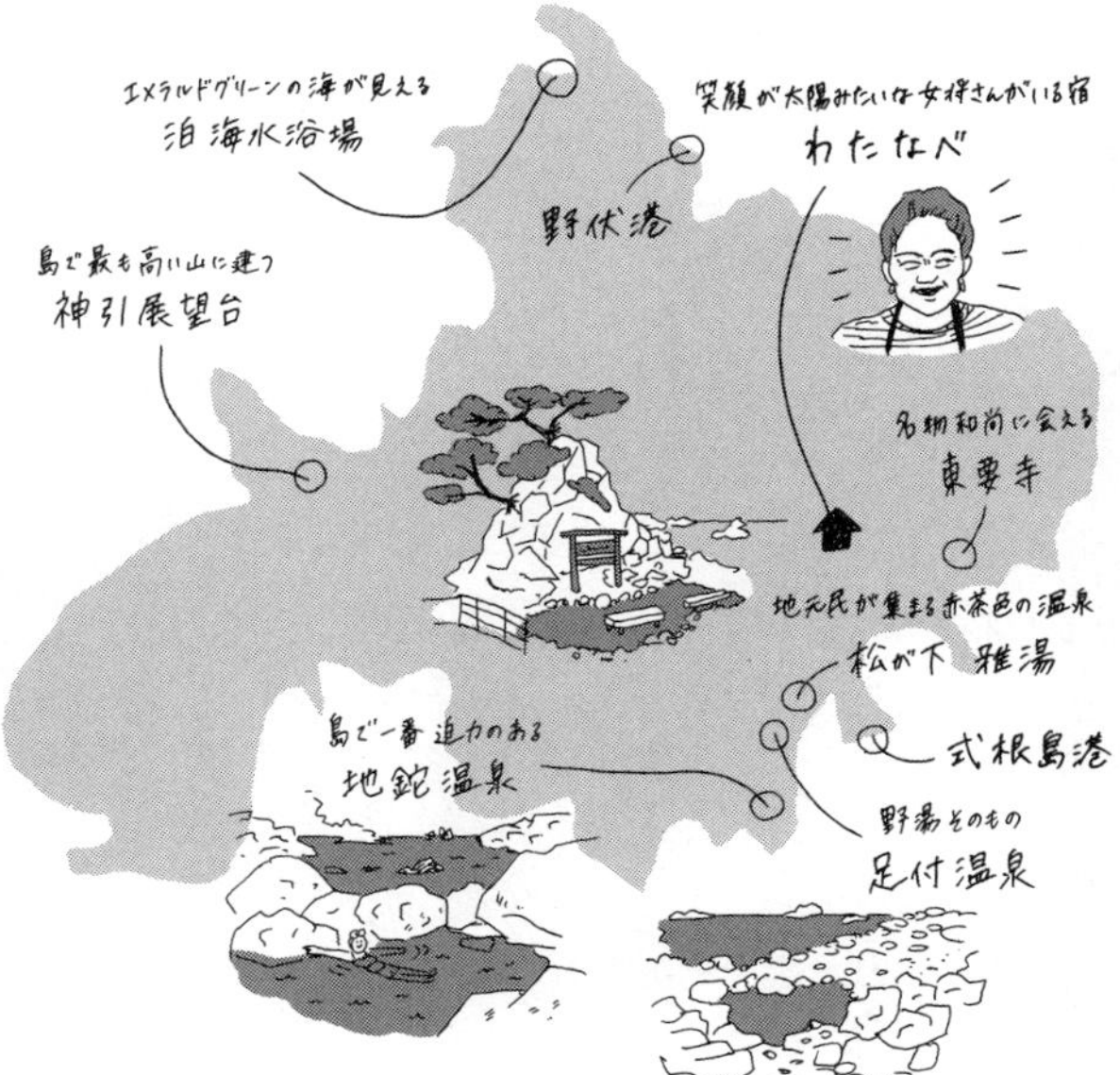

ちょうど河津桜《かわづざくら》が散りはじめ、ソメイヨシノが満開になる3月の終わり、どこか遠くへ、知らない場所へ旅立ちたくなって、ずっと気になっていた伊豆諸島の式根島を旅することにした。

この季節は、どことなく寂しくなる。長い冬が終わり、いっせいに旅立つみたいな、嬉しさと切なさの混ざった感情が、空中に漂う気がする。それに、寒い季節の間に、雪のように、こんこんと静かに降り積もっていった、心の不純物やこわばりみたいなものを溶かして、昇華させたくなる。

式根島に行こうと決めた理由は、心も体もあたたまる、温泉に浸かろうと思って。女一人旅で、温泉が目的というのは、ちょこっと抵抗はあるものの、式根島だから惹かれる理由があった。

そこは「島には温泉があるよ」というのではなくて、「温泉の島だよ」と、行ったことのある旅人から聞いたことがあったからだ。それに、温泉評論家として著名な野口冬人《ふゆと》が、全国の露天風呂番付をしたとき、東の張出横綱《はりだしよこづな》（実質1位の横綱とあまり変わらない）に東京都式根島の地鉈《じなた》温泉を選んでいる。秋田県の乳頭温泉郷の黒湯温泉や、長野県の中房《なかぶさ》温泉をおさえて。

温泉の番付で、堂々張出横綱に格付けされた露天風呂が、東京都にあるというのは、少しだけ違和感があり、興味を持った。

調べたり、行ったことのある人に聞くと、「海のなかで、温泉が湧いている」らしい。島を囲む海岸では、ぶくぶくと熱い温泉が湧いていて、海に浸かるように、温泉に浸かるらしい。それはそれは、超ワイルドな露天風呂にちがいない。

夜、東京都心の空は、一等星くらいしかうまく見えない。ネオンや外灯で煌々と明るい街中をすりぬけ、竹芝桟橋に着いた。これから、東海汽船の大型客船さるびあ丸に乗って、伊豆大島、利島、新島《にいじま》と経由しながら、式根島へ向かう。

竹芝桟橋に停泊中のさるびあ丸は、全長120メートルもあり、車を積載しないフェリーみたいだ。

さるびあ丸が式根島に到着するのは、朝9時5分の予定。なんと約11時間の船旅となる。時間でいえば、ヨーロッパやアメリカへ行くのと変わらない。だけど、その時間は、ただ座っているだけではなくて、これからはじまる濃密な旅のドラマにふさわしい、旅情たっぷりのオープニングを飾ってくれる。

　さるびあ丸は、夜10時に出航した。

　東海汽船の大きな待合所がある竹芝桟橋を離れ、徐々に視界は広くなり、海上の闇のなかから、東京タワーが早々に姿を現した。一際目立つ、一本の蠟燭《ろうそく》みたいに、都会を照らすシンボリックな存在だと、改めて思う。

　大都会の摩天楼を眺める。すぐに、頭上に鉄筋の天橋立、レインボーブリッジがせまり、その上には満月にふくらみかけた月が明るく笑っている。レインボーブリッジの下をくぐったら、またひとつ、遠い異世界へ進んだ気がした。

　そのうち空のはるか彼方から明るい星が現れ、ぐんぐんこちらに近付いてくると思ったら、飛行機だった。羽田空港を発着する飛行機が、5分間隔くらいで見られる。まるで、空の大鳥。船の真上を通過するときは、空旅と船旅がドラマチックに交差する。

　乗客は、甲板に出て、その夜景クルージングのような時間を楽しむ。

「うわ〜！　東京タワーってやっぱり綺麗だね！　夜見るに限る！」と社会人らしき女子たちがスマホで撮影に励む。

「オレ、反対側の夜景のほうが好きかも」と男子学生3人グループは一番の夜景ポイントを探すため、ちょこまか動く。

「ねえ、一緒に写真撮ろうよ」と、ベストロケーションと決めた場所から動かないカップル。

「……」と無言で、夜景に熱い眼差しをむける一人のおじさん。

そんなダイナミックなパノラマを、みんなと同じように、私も夢心地で見ていた。時速30キロの大型客船では、眠らない夜の東京の躍動を、ゆっくりと感じることができる。

風が潮の香りを運び、ざわざわと潮騒が賑やかに耳にとどき、少しずつ日常を離れていく。やがて、房総半島の灯りがちらちら星のように見えて、少しずつ灯火は減り、1時間後には、すっぽりと闇に包まれた。人工の光が届かない夜の海は、暗闇の宇宙を彷徨《さまよ》うみたいで、非現実な感じだ。

さあ、なかに入ろう。

船室はいくつか種類がある。ホテルの客室みたいな、ツインベッドが置かれた個室の特等室から、4人部屋の特1等室、大人数でごろ寝ができる1等室、2等和室、2等椅子席などあって、家族連れやカップル、友人同士など、それぞれ居心地のよい席を予約できる。

私は、夜はしっかり寝ようと思って、二段ベッドがずらっと並んだ特2等室にした。置いてあった毛布と枕をセットして、夜23時半すぎ、船内の消灯に合わせて眠った。

わずかな揺れが気持ちよくて、気付いたらもう朝になっていた。伊豆大島、利島と経由して、そのたびに、島の人、釣り道具を持った旅人、卒業旅行と思われる学生グループと、乗客が降りていき、静かになる。

せっかくなので、船内レストランで朝食を食べることにした。いろいろなメニューがあるけれど、簡単にトーストと珈琲にする。カリッとトーストをかじりながら、レストランの窓から海を眺めていると、島がせまってきた。新島に、もうすぐ着くらしい。

朝食後、甲板に出てみた。海が、やっぱり瀬戸内海とは違う。外洋に浮かぶ島だ。遠い国の島に辿りついたような気がした。

新島を出てから30分後、9時5分に式根島に着いた。最終の神津《こうづ》島へ行く乗客だけ残り、20名ほどが下船した。東京から南に約160キロ、ここも同じ東京都だと思うと不思議だ。初めての場所は、冒険心でわくわくする。

さるびあ丸から、式根島を眺める客。船旅は旅情たっぷり

いざ、「はじめまして」と式根島に片足を降ろした。

野伏《のぶし》港には、「ようこそ式根島へ」と手書きの文字が堤防にあり、宿の女将さんや観光協会のスタッフが、思い思いに来客を迎えに来ている。私には、予約した民宿「わたなべ」の女将さんが迎えに来てくれた。

女将さんは、二人息子の母ちゃんで、元バレーボールの選手だったらしく、背が高く体格のいい美人女将で、とても気さくな人だ。

「いらっしゃい！」

明るい笑顔が、朝の太陽みたい。新しい場所で、最初に出会う地元の人は、たいてい宿の人が多い。その第一印象がそのまま島の印象になることも、なきにしもあらずだ。

同宿の釣り人一人と、男子学生二人も一緒に、バンに乗り込んだ。

「おはようございます〜。はじめまして〜」

「よろしくお願いします〜。どちらから来られたんですか？」

旅人同士が交差するこの瞬間も、旅の醍醐味といえる。それぞれ、何を思って、この島に来て、どうしてここで私たちは出会ったのだろう。そういうふうに、瑣末《さまつ》なことも、いちいち「なんで？」と思えば、旅は色濃くなる気がしている。

宿は島の中心部にあって、どこへでも移動がしやすそう。式根島は、周囲12キロの小さな火山の島で、北海道を小さくしたような形をしている。集落はほとんど島の東側にあって、自治体はその北側、中央、南側と3つあるそうだ。

宿に着き、こざっぱりと綺麗な部屋に通された。荷物を置いて、ベランダに顔を出すと、サバトラ柄の可愛らしい猫がひょっこり、隣の部屋のベランダから顔を出した。

さっそく温泉に行こうと思い、そう言うと、女将さんがスマホで何かを調べはじめた。

「えーと、今日の満潮は何時だったかな」

満潮と干潮の時刻は、毎日島内放送でも知らせるらしいが、アプリか何かでもチェックできるようだ。それくらい、潮の満ち干は、島暮らしに欠かせない重要な情報だという。

「雅湯《みやびゆ》はいつでも入れるけど、足付《あしつき》温泉と、地鉈温泉は、うーんと、今の時間はどうだろう」

その日は満潮が14時52分。

式根島は、火山岩の一種である流紋岩《りゅうもんがん》で形成された島で、掘ればどこでも温泉が出ると言われている。とくに、海岸は、ぶくぶくと泡が沸き上がっていて、その海水を触るとあたたかい。それどころか、源泉は80度もあるので、熱くて入れない場所もある。

ごろごろと流紋岩が転がる海岸には、岩場がちょうど風呂のように水が溜まる〝湯つぼ〟ができている。そこに溜まった野湯に、海水が流れこんで、ちょうどいい温度になったら勝手に入れる。

満潮になると、湯つぼには海水がたくさん流れこむので、野湯は水をちょっとあたためた程度のぬるま湯状態になって、逆に干潮だと海水が入ってこないので、野湯の温度は源泉に近く、激アツとなって入れない。

満潮と干潮の間の時間がちょうどいい温度になるらしい。だけどそれも、行って野湯を触ってみないと、実際はわからない。その時間を読みながら、湯加減のちょうどよい湯つぼを探しあてるのが、ワイルドな温泉に入るコツなのだ。

ただ、野湯が湧いているところは、誰もが「ここだ」とわかるわけではない。地元の人に聞くと、「海岸あっちこっちお湯が湧いてるから、どこでも入れるよ！」と言うし、実際慣れた旅人は、自分でスコップを持って浜辺を掘り、野湯を探しあてて、自前の風呂をつくるらしい。ただ、それができるようになるのは、難しい。

だから、島には3つの野湯に入れる露天風呂温泉と、野湯を引いた人工の温泉施設「憩いの家」がある。

まず、島で一番ワイルドで迫力のある地鉈温泉。温泉評論家の野口冬人が張出横綱に格付けしたところ。湯つぼはわかりやすいが、温度が潮の満ち引きに影響されるので、入るタイミングが肝心だ。

海岸に、地鉈温泉の源泉を引いた露天風呂で、温度調整ができるのでいつでも入れる「松《まっ》が下《した》雅湯」がある。だいたい、地元の人たちもここに集まるそうだ。その雅湯のちょっと先に、「足付温泉」がある。ここも温度調整ができない、野湯そのもの。湯つぼはわかりやすいが、やはり潮の満ち干を考えなくてはならない。

憩の家は、室内男女別の湯船なので、一般的な温泉と同じように裸で入る。朝10時から夜9時半までいつでも入れるが、ここだけは有料で200円かかる。

他の露天風呂は、男女混浴で、水着着用でないと入れない。ただし24時間いつでも入れるし、無料だ。

「じゃあ、島を散策しながら、夕方くらいに海岸の温泉に入ってこようと思います～」

「そうね、島もいろいろ見るところがあるから。今日は神引《かんびき》展望台から海が綺麗に見えたって、朝行ったお客さんが言ってたわよ」

民宿の向かいにある、レンタサイクル店兼民宿の千代屋で電動自転車を借りた。電動なので、アップダウンがあっても楽チンだ。

まず集落をあてもなく、ぐるぐると回ってみた。目印となる民宿や土産物屋があれば、地図を広げて、位置確認をする。そうすると、なんとなく土地勘がつかめてくる。

ときおり、道端でごろにゃあと横になって、日向ぼっこをする猫たちがいて、微笑ましく思いながら通過する。式根島は、猫好きな人たちの一部では「猫の島」とも呼ばれているくらい、昔から猫が多いらしい。

民宿わたなべにも、可愛らしいサバトラ猫のアメと白猫のマロという飼い猫がいて、家と外を自由に出入りしている。２匹とも島生まれで、仔猫のときに保護したそうだ。

途中で小腹が空いたので、商店みやとらの名物、たたき丸を買って食べ走りすることにした。郷土料理に、魚のすり身を使ったさつま揚げみたいな〝たたき揚げ〟があり、各家庭で味が違うらしい。たたき丸は、おにぎりサイズ程のたたき揚げの中に、ご飯と、アシタバか、くさやか、ハム&チーズが入っている。

思い切って、伊豆諸島の特産品である魚類の干物、くさや入りのたたき丸にしたら、まさしく「くっさ！」という香りがして、でもちょっと病みつきになりそうな味でもある。

民宿わたなべから北上して、小学校と、島の真ん中とされる郵便局を通過して、島唯一の信号が赤になったので止まった。

「あんまり意味がないけどね、子供たちに信号を学ばせるために作ったとか言われてるの」

女将さんが野伏港から、私たちゲストを車で民宿へ運んでいるときに通って、教えてくれた。小さな島には、信号がないことはよくあることだけど、子供たちが大人になって、島を出たときに困らないよう信号を設置しているというのは、式根島で初めて聞いた。

信号が青になり、ペダルを踏み込む。電動だと、思いのほか、ぐいっと前に進むのが、ちょっとこわい。

さらに北上して、真っ白な泊神社の鳥居の前を通ってすぐ、泊海水浴場に出た。ここは、パンフレットに載っている島イチオシの美しいビーチだ。

天気のいい日、写真に撮ると、画像加工しなくても、真っ白な砂浜にエメラルドグリーンの海が彩度よく写る。エメラルドの湾の外は、青い太平洋が広がり、色彩のコントラストがはっきりとして、美しい。

ハマグリのような貝の形をした湾は、リアス式海岸の入り組んだ海岸線だからこそできる。入り口がキュッと窄《すぼ》んだ湾は、外洋の荒波が湾内に進入しにくく、海水浴にうってつ

リアス式海岸特有の美しい貝の形をした泊海水浴場

けとなる。ほかにも、夕陽が綺麗に見られる大浦海水浴場や、シュノーケリングやダイビングをする人が多い中の浦海水浴場など、いくつかある。

今は観光客で賑わう海水浴場も、江戸時代は、流人が八丈島へと流されるとき、船が一度ここで停泊をして、風を待った「風待ちの場所」とされてきたらしい。

白い砂浜は、流紋岩の一種、白い抗火《こうが》石《せき》が砕けたものだ。キラキラとした粒子を含む抗火石だから、砂浜もなんだかキラキラとしている。ちょうど、グラニュー糖をまぶしたみたいに見える。

式根島は伊豆諸島のほかの島々同様、火山が噴火してできた島で、1万6000年前にできたと言われている。地質は、火山岩の流紋岩だ。泊海水浴場を囲う絶壁の岩肌には、ごつごつとした流紋岩が見られる。白い抗火石が見られるのは、場所によるらしい。

そんな島の地質を目の当たりにするには、女将さんが勧めてくれた、神引展望台へ行くといい。

泊海水浴場から自転車を飛ばして、大浦海水浴場入り口、中の浦海水浴場入り口を通過して、さらにすすむと、神引展望台への道標がある。右に大きく曲がってすぐ、自転車を置いて階段をのぼる。360度見渡せる景色が広がり、島の地形が顕著に表れている。

後に、温泉で出会った十治朗というおじさんが、

「ここはね、ステーキアイランド！　もしくはステージアイランド！」

なんて冗談を言っていたけれど、海というお皿に乗せた、平らな島だ。険しい山道もなく、多少アップダウンはあるけれど、電動自転車ならば、楽に島を一周できる。

展望台付近一帯の地面は、ごろごろと白い抗火石で敷き詰められ、白い溶岩丘という感じ。その先には背の低い緑の松の木が群生している。

風が強い島で、ここでは松が横に伸びるので、背が高くならないらしい。昔から、家も必ず木の下に建てないと、風で屋根や外壁が吹き飛ばされたとか。それだから、島を上から見ると、なかなか民家が見えない。

大自然の島に、ひっそりと暮らす人間。そもそも、式根島に人が暮らしはじめたのは、わずか130年前らしい。最初に移住してきた人たちは、隣の新島から来たとも言われている。

足元の白い石を持ち上げてみた。

「軽いなあ」

ぽんと空に投げてみる。手のひらに、白い粉が少しだけついた。抗火石は軽石みたいで、簡単に削られる。島を散策して、岩のあちこちに名前や言葉が削られていたのを見かけたけれど、それもこの島独特の光景かもしれない。

気付くと、神引展望台の案内板をつとめる抗火石のまわりにも、たくさんの人の名前が彫られていた。実は、抗火石は渋谷のモヤイ像に使われている。

「この石はね、噴火したときに、吹き上がってきたわけ。世界では、ここか、イタリアのリパリ島、あと新島、神津島でしかとれないんだからね」

生まれは神津島だという、十治朗さんが教えてくれた。

神引展望台がある神引山は、島でもっとも高いとされて98・5メートル。昔を辿ると、日本地図をつくった伊能忠敬のチームの誰かが来て、測量ポイントにした通称「丸山」があって、そこが一番高いとされている。といっても、わずか109メートル。天気のいい日は、八丈島以南をのぞく伊豆諸島の6島が見えるのだそう。

神引展望台周辺は、白い抗火石が散らばる溶岩丘みたい

展望台から右手側を眺めると、カンビキ浦が真下に見えて、その向こうに中の浦、さらに向こうに大浦の湾が見えた。切り立った岸壁は、高いところで80メートルもあり、岩肌には流紋岩のごつごつした質感が現れている。

そういえば、外灯が全く見当たらない。後で観光協会の田村さんと話していたとき、「あそこは、星空がめちゃくちゃ綺麗なんです！　ただし、一人で行くのはちょっと危ないかもしれない」とも言っていた。満天の星を眺めるには、通常新月のときが一番いい。だけど、外灯がないし、抗火石が転がる足元には、細心の注意がいる。

夕方になったので、いよいよ自転車をかっ飛ばして、島の南部の式根島港近くにある「松が下雅湯」へ向かった。島を北から南へ縦断する。小さな島だから、道さえわかれば、ものの10分ほどで辿り着いてしまう。

式根島港には、船が何台も陸にレールで引き上げられていた。その上側を通って、小さな駐車場に自転車を止めた。他に自転車が数台ある。

岩のトンネルをくぐると、赤茶色の露天風呂が見えた。海が目の前で迫力満点だ。地元のおじいちゃんとおばあちゃんたちが、すでに数名いる。それに小学生らしい男の子も一人。彼の父親は、温泉に入らず、手前のベンチに腰掛けている。

簡易的な木造の更衣室で水着になる。3月の終わりで、天気のいい日だけど、ちょっと肌寒い。白いラッシュガードを上に着て、温泉に入ろうと思った。

「おい、ねえちゃん、上着脱いだほうがいいぞ！」

頭にタオルをのせ、赤茶色の湯からひょっこり頭だけ出したおじいちゃんに言われた。

「そうよ。これはね、鉄の色なのよ。上着が赤く染まっちゃうわよ」

ワンピースタイプの水着を着て、流紋岩に腰掛けたおばあちゃんが後押しとばかりに、言ってくる。

「あ、そうなんですね。じゃあ脱ごうかな」

肌寒くても、目の前は露天風呂だ。すぐに浸かってしまえばいい。ぱぱっとラッシュガードをベンチに置いた。その瞬間びゅーんと風が吹く。

「そのへんの石で押さえたらいいよ！」

お湯のなかの先輩方は、とてもお世話好きで、新参者の一挙手一投足にアドバイスをくれる。

「風の島」とも呼ばれる式根島では、そこかしこ、風が吹いてくる。そのへんに転がっていた大きめの抗火石を拾って、重しにする。

ごつごつした流紋岩で囲った露天風呂は、わざわざ岩を遠くから運んできたわけではなさそう。雅湯から海を眺めて右手には、いかつい岩浜が続いて、緩やかな湾になっている。その湾沿いに、足付温泉がある。

　赤茶色の湯に、片足を入れる。たしかにお湯の温度はちょうどいい。

「あ――――！　気持ちがいい！」

　湯のぬくもりが一気に体を包みこむ。旅の移動の疲れや、心身のこわばりが、徐々に緩んでいくのを実感する。春の雪解けみたいに。

「どこから来たの？」

「東京……都内です！」

　ここも、東京都だということを、ついつい忘れてしまう。

「そうなの。あっちの足付温泉は行った？　地鉈は？」

「まだです！　潮の満ち干を読むのが難しくて。今日はこれから行けますかね」

「うーん、そうねえ」

　おばあちゃんがちょっと考える顔をした。

「僕、昨日地鉈のほうに行ってきたんですけど、めっちゃ熱くて入れなかったです。近付いても熱いくらいで。てか、地鉈行ったら、帰りの階段がめっちゃつらいですよ」

　小学生の男の子は、「ね、お父さん」とベンチにいる男性に声をかけた。男二人旅だという。

地鉈温泉は、地図上では近くにあるのだけど、行くとなると浜辺から丘のほうへ上り、それから一気にまた浜辺まで下る。丘までは、自転車や自動車で行けるが、そこから下まで193段の階段を下る。帰りは、それを上らないといけないから、老人にはキツい。とはいえ、明治以前は、道もなく、船でしか入りに来られなかった超秘湯らしい。

もともと島では地鉈温泉が先につくられた。地下60メートルを掘って、源泉を引き上げているそうだ。その源泉をさらに雅湯と、憩の家にも引いている。

足付温泉も、岩場に噴き上げた野湯なので、潮の満ち干によって、入れるかどうかが決まる。

「足付温泉はどうかなあ。今はまだぬるいか

松の下雅湯には、いつも地元の人が集まって、談話している

なあ。あと1時間くらいしたら潮が引いていいかもねぇ」

おばあちゃんは、まだ考えてくれている。彼女は宿の女将さんらしい。聞くと、島の人たちは、それぞれ仕事が一段落する夕刻になると、一日の疲れをとりに集まってくるそうだ。

温泉談話をしていると、さっき自転車で島めぐりをしていたときに、高森灯台という場所で出会ったカップルが入ってきた。

「あ、さきほどはどうも〜」

「すごい色ですねえ」と女性はTシャツを着たまま入ってきた。

それには、やっぱり島の世話好きな先輩たちが一斉に、「脱いだほうがいい！」と浴びせかけたけれど、〝そのつもり〟で染まってもいいTシャツだそう。用意周到である。

「おねえさん、式根島には何しに来たの？」

雅湯の奥のほうに浸かっていたおじさんに声をかけられた。60代半ばか、そこらへんだろう。

「もちろん、温泉ですよ〜。だって、ここは温泉の島なんですよね」

「そうだよ！　松の島、風の島、温泉の島だよ」

「猫の島とも聞きましたよ」

赤茶色でまったく湯のなかが見えないけれど、足元の岩を触って、手を見てみたら黄土色の液体がべたっとついている。岩にも、この黄土色の苔のようなものが付着していて、そこを触るとぬるぬるする。

「じゃあ、特別に、ワタシが秘湯にお連れいたしましょう」

なぜだか、フーテンの寅さん調で言う。地元の人たちは、「出ました！」と言わんばかりにニヤニヤとして、「行っておいで」と言われた。

先に上がったカップルの二人は、ちょうど着替え終わったところで、一緒に見に行きたいといって、一行は秘湯をめざして歩きだした。浜にそって、松の木のトンネルを抜け、松の葉っぱの絨毯の上を歩く。当然裸足だ。浜辺に踏み出したとたん、足元はごろごろとした石で、天然の足つぼ状態。

「イタタタタタ！」と私。

スタスタスタと、おじさんは行く。

「おとうさん、お名前は？」

カップルの女性、かよ子さんが言った。

「ワタシかい？　ワタシの名は、十治朗と申します」

やっぱり寅さん調だ。式根島は、『男はつらいよ』のロケ地になったことがあり、撮影中、フーテンの寅さんを演じる渥美清《あつみきよし》も、１週間、毎日雅湯に浸かりに来ていたという。

巨大なごつごつとした岩と、ころころとした丸石の上を、ぴょんぴょん、滑らないように歩くと、十治朗さんが、

「これが足付温泉、ちょっと触ってみるかい？」と言った。

湯つぼの水を触ると、生温い。

「これはまだだな。あっちは？」

足付温泉は3つほど湯つぼがあるようだ。言われたところの湯つぼに、岩の階段みたいなのが数段あって、降りてみる。お湯は触ってみると、ほとんど海水だった。

だけど、下のほうからぷくぷくと泡が噴き上がってきているのが見える。海水がもっと引く時間に来れば、ちょうどいい温度になりそう。引きすぎると、高温すぎて入れない。

「こっちは色が透明でしょ？」

透明な色で、一見露天風呂とわからないワイルドな足付温泉

「あ、ほんとだ」

「ここだけ、泉質が違うの」

足付温泉は、島で唯一透明の野湯が湧くらしい。泉質は、硫化鉄泉の地鉈温泉とは異なり、ナトリウム－塩化物強塩だ。

「雅湯や地鉈温泉はね、内科の湯。内臓にいいの。あっちの足付温泉は外科の湯。皮膚病とか、擦り傷にテキメンよ」

さっき、雅湯にいたおばあちゃんが教えてくれた。観光協会の田村さんも、子供に湿疹ができたとき、足付温泉に1週間通わせたら、つるつるの肌になったと言う。

「昔は島になかなかお医者さんがいなかったから、ここが病院代わりさ」と、十治朗さん。

「へ～。私もあとで入ろうかな！」

そう言うと、岩場にフナムシが忙しなく動いているのを見つけた。一瞬ドキリとしてしまう。時には波に乗ってやってきた小魚が、そのまま干潮になってしまい、湯つぼから出られず茹で上がって浮いていたりするらしい。

「かなりワイルドだよね」とかよ子さんたちは話している。

だけど、不思議と汚いとか不衛生だとかは思わない。海水浴をする気分となんら変わらないからだ。海に行けば当然、岩場には多種多様の生き物が暮らし、生命を営んでいる。

「フナムシね。はいはい。あれね、フナムシがいなくなったら、温泉の効能がなくなったときですよ。生命力を養えるところに、フナムシはいるんですって」

田村さんも、島の人から聞いたのか、そんなふうに言っていた。彼は奥さんが式根島出身で、義父の介護をきっかけに島に移住を決めたそうだ。

「ちなみにね、お父さんのお葬式があって、それはそれは感動というか、びっくりしたんですよ」

島に移住してすぐ、義父が他界してお葬式が執り行なわれた。島には宗教は日蓮宗だけ。島の人たちが棺をかかえて、島中を練り歩くそうだ。そうして、島の人とお別れをする。

「お墓が、真っ白なんですよ」

そう教えてもらって、後で行ってみた。墓石の下には、浜辺から持って来た抗火石の砂を敷き詰める。墓地は、生け花や造花で飾られ、キラキラとした砂に覆われて、華やかだった。

式根島も、富士箱根伊豆国立公園に指定されているので、島の石や砂、動植物などを勝手に取ってはいけない。だけど、お墓に使うために、浜辺で砂を取るのは認められ、昔から続いている。小学校の授業では、子供たちが土嚢《どのう》に砂を詰め込み、定期的に墓石の裏に置くのだそう。

「ほら、ここだよ！」

ざっぱ――――ん！　と波が打ち寄せる岩場を指差す、十治朗さん。

「え、どこですか」

「ここだよ！　ほら、湯つぼになってるだろう。温度はどうか……」

たしかに岩場にぽっかりと湯つぼができて、海水が溜まっている。波が打ち寄せる側には、石ころを詰めた土嚢で、海水が大量に進入するのを止めている。それも茶色く変色しているので、土嚢だとは気付きにくい。

「そっちに入れ！　お湯が湧いてるからね」

思い切って、入ってみることにした。岩場にいるフナムシが、ささ〜っと退散していく。ふむ、生温い海水で、耐えられないほど冷たくはない。ところが、不思議なほどに、奥へ近付くにつれて、温度が温かくなっていく。

「ほんとうだー！　ここ、あったかい！」

「そうだろう？　その下から湯が湧いてるんだよ！」

温泉という概念がふっとんでしまう。いま、私は式根島に浸かっている。

下の岩か石ころの間から、ぷくぷくぷく……と泡がのぼってくる。かよ子さんカップルは、もう水着ではないので入ってこないけれど、楽しそうに眺めている。

「ここは海に、そっちは山。ここは秘湯、山海の湯っていうんだよ」

「サンカイノユ？　へ〜。素敵！」

十治朗さんが、ここに湯が湧いているのを見つけて、仲間たちと岩場を多少削り、土嚢を置いて、入りやすく湯つぼにしたらしい。

「あと30分もしたら、熱くて入れなくなるよ」

たしかに、5分、10分と経って、さきほどより海水が入ってこなくなった。海は干潮へと向かっている。自然の動きに合わせて、自然の恵みを享受するとは、こういうことだ。

「もともと、この島は湯治場だからね。いろいろな人が入りにきたよ。体の悪い人もたくさん。それで治るだろう。みんなお礼参りにくるの。そのときに、岩場に自分の名前を彫って行ったんだよ」

「ああ、地鉈温泉へ行く谷間の岩肌、ものすごくたくさんの名前が彫ってあったの、そういうことかあ」

波の押し寄せない岩場から、かよ子さんが言った。

「じゃあ、私たちそろそろ帰りますね。ごゆっくり〜」

残された十治朗さんと私は、一緒にワイルド露天風呂に浸かっている。傍から見たらなんとも不思議な絵図だと思う。

ざばーん、ざざざざ。ざばーん。いつまでも終わらないリズムが心地よい。ただし30分後、十治朗さんが言ったとおり、そこは浸かっていられないほど熱くなった。

「今度はそっちに入れ」

となりの湯つぼに浸かると、ちょうどいい。

「面白いですね〜」

島は熱い。島の体温というのか。生きている。


「そうなんだ、十治朗さんに会ったのね〜」

翌日、式根島に移住してきた荒木さんに出会って、一緒に島をぷらぷら散策していると き、山海の湯の話になった。荒木さんは、ちょっと歳上の女性で、なんとなく生き方が似ていて、あっという間に仲良くなった。

「あれね、島に観光に来た男の子に声をかけて、手伝わせてたんだよ。都会のね、いかに

足付温泉の先にある、十治朗さんたちがつくった秘湯〝山海の湯〟

も海や山に慣れていませんっていう男の子たち。十治朗さんに声かけられて、気付いたら土嚢を運ばされて。それがみんな、顔がキラキラしてた。楽しそうだったよ」

島に来て、いきなり島のおじさんに声をかけられ、観光しようと思ったら土嚢運びをやっている。作業が終わったら缶ビールを渡され、一緒に温泉に浸かる。島の人は気さくで、世間的な常識なんていうのからは、どこか外れている。だけど、みんなそうやって旅に来て、否応なしに島にもまれることを、どこかで望んでいるのかもしれない。

荒木さんは、一緒に地鉈温泉に行ってくれると言った。いよいよ、島一番の名湯に行く。駐車場の手前の道沿いに、湯加減の穴というのがあり、そこに手を突っ込むと、地鉈温泉の湯の温度がわかるらしい。手を突っ込むとあたたかい。さあ、どうだろうか。

みんながキツい、キツいと言う193段を降りていく。すぐに、谷間が見えた。大きな鉈で岩場をすぱんと真っ二つに割ったように、谷間がさけている。徐々に視線の高さが海に近付いていく。

岩肌には、かよ子さんが言っていたとおり、無数の名前が彫られている。その数、何百、何千とか言われるらしい。

近付くと、青い海の手前に、赤色の海水が溜まっている湯つぼがあった。

「あ、湯気がでている！」

ふわふわと煙が湯つぼからのぼっている。荒木さんが、その横にある大きな湯つぼの海水を触りに行くと、ニヤリと笑って振り返った。続いて私も手をのばす。

「いい温度！」

「ごゆるりと」

水着になって、昨日学習したように、風にとばされないように石でラッシュガードやタオルを押さえて、ゆっくりと浸かった。

「あ〜気持ちいい。地鉈最高！」

来た道を振り返ると、圧巻の岩山が立ちはだかっている。切り立った流紋岩が、驚異的で、神秘的で、この世ならざる雰囲気を醸し出している。人によっては、自然がつくった城塞のようにも、地獄谷のようにも見えるだろう。大きくVの字にさけていた谷間は、不思議なほど閉ざされて見える。秘湯の門が閉じられたかのよう。

何にせよ、ここは、別世界。間違いなく、これまでの人生で、一番ワイルドで、見たことがなくて、入るのが難しい幻の露天風呂だと思う。

「ここには20個くらい湯つぼがあるんだけど、小林さんが入っている湯つぼが一番大きくて、そこに入れてラッキーだよ」

「え、そっか。当たり前のようにここに入ったけど」

「いやいや、なかなかタイミングが難しいよ。私なんて、こないだ来たらさ、お尻が入るくらいの大きさの湯つぼしか、いい温度じゃなかった」

あはははは！　強風にも負けない笑い声が響く。

足付温泉と同じように、ここも波がざばーん、ざばーんと押し寄せる。海水と80度の源泉が混じり合い、適温になる。そう思っていると、熱湯が忍び寄る。

「あっち、あちちちちち！」

そのあと、海水がざーっと入って、ちょうどよくなる。これが、何度となく繰り返され、気付けば汗だくなのだ。ただ、頭部にはびゅんびゅんと風が吹き付け、自然のクーラーが気持ちよい。

適温になった大きな湯つぼで至福のとき。撮影：荒木さん

観光協会の田村さんが、島が年々隆起していると言っていた。現に何十年か前まで、船が入ってこられた湾も、いくつか岩が浮きあがってしまい、不可能になったそうだ。島の面積は広がっているのかもしれないけれど、同時に今ある湯つぼも、今後ますます隆起すれば、入れなくなる。とはいえ、また新しい自然の湯つぼが、自然とできるのだろうけど。

その帰り、東要寺へ向かった。田村さんが教えてくれた、真っ白な抗火石の砂を敷き詰めたお墓がある。

ここに島の名物和尚がいると、荒木さんが教えてくれて、会いに行った。

「サーファーの和尚さんだなんて、初めて聞きました」と言うと、

「坊さんだって、ゴルフもするし、ダイビングだってするさ」と智公和尚が言った。日に焼けた黒い肌が健康的だ。

「おれさ、坊主だからって偉そうにするの苦手なんだよね。いいじゃん、こういうほうが」

そうは言っても、智公和尚は東要寺3代目、過酷な修行を積んで島に戻ってきた。鋭さの奥に、優しさを感じさせる目が印象的だった。

「おっと、そろそろ憩の家に行かないと。管理人もやっててさ」

あ、朝、憩の家に行ったとき、受付にいたのは智公和尚だったのか。200円を渡した人。今更気付いた。

私の後に入ってきた地元の人と、「昨日は釣れたの?」と会話をしていた。

「そうそう、ゴールデンウィークには、おみくじをつくろうと思って。大吉とか凶とか、そんなんじゃない。もっと有り難いメッセージだよ。教訓ていうの、そういうのをさ、人にもっと広めていかなきゃいけないでしょ」

次、初夏に来たら、その智公和尚オリジナルのおみくじを引きに行こう。

帰る日は朝5時に起きて、雅湯へ向かった。3月終わりは、もう空が明るくなりはじめている。自転車を漕ぎ、すっかり覚えた道をかっ飛ばす。

すでに駐車場に車が1台止まっていた。

「おはようございますー」

「おはよう」

「気持ちいいですねえ」

島のおじちゃんが、やっぱりタオルを頭にのせて浸かっている。

「いつ来たの?」

「2日前に。今日11時25分の東海汽船で帰ります」

「そうか。お、おはようさん」

見ると、十治朗さんが入ってきた。

「お、おねーさん。おはようさん。朝からいいでしょう？　ここでしっかりエネルギーチャージして、今日も一日がんばるのさ」

すっかり聞き慣れた寅さん節が、朝から心に届く。人も自然の生き物だから、こうしてエネルギーチャージすれば、当然元気が湧くに決まっている。

「そうだ、今度は大潮のときに来なさいよ」

「え、十治朗さん、それはなんで？」

「あるのよ、もっと秘湯がね。大潮で、さーっと潮が引いたら現れる幻の湯つぼが。そこを奥の院というのさ」

「秘湯がまだあるの⁉」

分厚い雲間から太陽の輪郭が一瞬キラリと光った。

「そらあ、そうだよ。ここは、温泉の島だよ」

風で揺れる松の木々が、「そうだそうだ」と言っているみたいだった。

大型客船さるびあ丸がもうすぐ来る。

民宿わたなべにいるアメとマロに挨拶をして、女将さんに野伏港まで送ってもらった。

港に着くと、観光協会の田村さんも、移住者の荒木さんも来てくれていた。出航のとき、紙テープを渡された。

「え、これって！」

「ほら、持ってあがって」

3月の終わり、島々ではお別れの季節だという。行政機関で働いていた人が転勤だったり、卒業した高校生が大学へ行くためだったり、島を出る。

陸上の人と、船上の人で紙テープを持つ。風がカラフルな紙テープを上下に大きく揺らす。

東海汽船のこの時期の風物詩らしい。

長い汽笛がぽーっと鳴った。『蛍の光』が船上で流れる。

「がんばってこいよ！」

「行ってらっしゃい！」

「いつでも帰ってこいよ！」

下から励ましの声があがってくる。

「行ってきます！」

「ありがとう、ありがとう！」

船上から、波の音に負けない声が降り注ぐ。

やがて船が離岸を開始すると、紙テープはぐいっと引っ張られ、自然と手元から離れていった。

温泉の島が、どんどん遠ざかっていく。

さるびあ丸は、今日も旅人、島の人を乗せて大海原を航行する

おわりに

島は、こんなにも面白く、情緒にあふれ、喜怒哀楽に心揺さぶられることばかりです。なんとも言えないキャラの濃い人たちがいて、威風堂々とした自然に圧倒され、それはそれは、一日が密度濃くあっという間に過ぎていきます。

そして帰る船のなかでは、長い旅に出ていたような旅情と、心地よい疲労感に包まれます。

「小林さんだから、そういう体験するんでしょう？」

そう言われることもありますが、本書を読めば、そうではないと感じていただけると思います。島で出会うたくさんの旅人は、それぞれに、私以上に豊かな体験をしています。

島旅の大先輩たちに多く出会って、「あの人に会ってみたら、島の面白い話が聞けるよ」「あの店の島料理がうまいよ〜」と、教えてもらうこともよくあります。

島には、日本人が古来ずっと大切にしてきた情緒があって、独自の食や風習、神仏へ祈りを捧げる信仰習慣が残っています。ただ、その多くは、やがて無くなってしまうのではという気がします。

いま、島は急速に過疎化・高齢化を迎えているところばかりです。若者が移住したり、U

ターンしたりと、島の人口がわずかに増加しているところもありますが、圧倒的に減少の一途をたどっています。いずれ、島に残る一つひとつが、伝承しきれずに消えていくでしょう。

島旅作家の斎藤潤さんは『ニッポン島遺産』（実業之日本社）で、祭りや行事、集落景観・自然景観、食材や石材、かつての生活の痕跡など、島で大切に守り継がれてきた、島の魅力の源泉となっている数々を「島遺産」と名付けています。

著書には、「その大半が広く知られざる島であるだろう。そんな島々こそ率先して利用保護することで、日本の財産をより豊かにすることができるのではないか」とあります。

私は、日本人として、島遺産の一つひとつを見て記憶することも、島旅を続ける目的のひとつだと考えています。なにも責任感からくるものではなくて、ただもっと、自分が生まれた国を歩きまわって、知りたいという好奇心によるものです。

島旅をするようになって、圧倒的に学んだのは、和の心なる精神と日本語です。温泉で、都々《どど》逸《いつ》でぺらぺら話すおじさんに「なに、昔はカラオケがなかったもんで、こんなふうに言葉を交わして遊んできたのさ」とか、港にいる漁師さんに「この魚がアカハタでこっちはカスミアジ。大漁だから島中に配りにいくよ」とか、雪の日におばあちゃんに「こうして降るのをね、雪が〝そばえる〟っていうんよ」とか教えてもらいました。

一方で、島の人たちは、意外と自分の住んでいる島の魅力に気付いていないことがあって、驚きます。

「ほ〜んとうに、素敵な島ですねえ」と道端に腰掛けるおばあちゃんに声をかけると、「そうかい？　なあにもないとこやけん」と言って、ゆっくりと立ち上がって、庭先に実る夏みかんをお裾分けしてくれます。

「いえいえ、あれもこれも、島にはあるじゃないですか！」と言うと、「そうかい。まあ、それ食べなさいよ」と言って、傍にやって来た猫の頭をなでたりします。

朗らかなときが流れる島にいると、忙しい日常から解き放たれ、「こっち」のペースが当たり前に思えて不思議です。

本書では10のテーマで島をご紹介しましたが、実際は何かアクティビティを求めて行かなくても、こういう、ふっと力が抜けて、エネルギーに満たされ、またがんばろうと思えるのが、島旅の魅力です。

カフェに行くように、とは言いませんが、週末にもっと気軽に島旅に出かけてみてはいかがでしょう。こんなに近くにも、別世界の、冒険の旅が待っているはずです！

さて、本書に書かせていただいた方をはじめ、数え切れないほどの島の方たち、島に携わっていらっしゃる方たち、島で出会った旅人たちに、豊かな経験をさせてもらえたことに、この場を借りて感謝申し上げます。

本書でご紹介できなかったけれど、これまで旅したすべての島に、一人ひとりの顔を思い浮かべながら、感謝を申し上げたい方がたくさんいます。

島に行って、「ただいま」「おかえり」と言い合えるように、私はこれからも永く島旅を続けます。


島をこよなく愛し、どの島の人たちからも慕われる斎藤潤さんには、〝島旅はかくあるべき〟という大切な流儀を教わりました。私の島旅は、斎藤潤さん的でありたいと、心に留めて旅をしています。

また、本書を書くにあたり、ギリギリの進行にもかかわらず、素敵な本に編集してくださった伊東朋夏さん、旅の魅力にあふれるかっこいいデザインにしてくださったデザイナーの斎藤いづみさん、島へ行きたくなるようなイラストを描いてくださったわかばやしたえこさんに、心よりお礼申し上げます。

最後に、本書を手にとり、読んでいただいた読者のみなさま、ありがとうございます。ぜひ、よい島旅を！　そしてどこかの島で、ふらっと出会える日を心より待ち望んでいます。

式根島帰り、東海汽船のさるびあ丸にて
２０１８年初夏　小林希

以下、ご了承ください。

※　本書の内容は、２０１８年4月時点までのものです。島旅への最新情報などは各島のホームページや観光協会、自治体などにお問い合わせください。

※　本書では、日本の本州、北海道、四国、九州、沖縄本島、北方領土を除く領土を「島」としています。

※　本書のテーマは、各島の観光のメインではない場合もあります。

※　本書でご紹介した島は、著者がこれまでに訪れた約60島のなかから選んだものです。

※　登場人物は実在していますが、個人情報保護のため一部仮名を使用しています。

週末島旅　住所録

第一章　加計呂麻島
・ゆきむら
鹿児島県大島郡瀬戸内町於斉1140　電話：0997-76-0038

第二章　讃岐広島
・尾上邸
香川県丸亀市広島町立石
・塩釜神社
香川県丸亀市広島町茂浦

第三章　伊豆大島
・竹ちゃんの宿（アイランドスターハウス）
東京都大島町岡田新開287-21　電話：090-9100-1421

・東海汽船お客様センター
電話：03-5472-9999

第四章　大久野島
・休暇村大久野島
広島県竹原市忠海町5476-4　電話：0846-26-0321
・大久野島毒ガス資料館
広島県竹原市忠海町5491　電話：0846-26-3036

第五章　田代島
・マリンライフ
宮城県石巻市田代浜仁斗田38　電話：0225-21-4122
・網元
宮城県石巻市田代浜仁斗田51　電話：0225-98-2316
・マンガアイランド（猫型ロッジ）
宮城県石巻市田代浜敷島24　電話：0225-21-4141

※2018年4月〜7月中旬まで休館
・にゃんこ共和国島のえき
宮城県石巻市田代浜内山69-2　電話：080-6015-9346

第六章　生口島
・ベル・カントホール
広島県尾道市瀬戸田町瀬戸田535-1　電話：0845-27-3848
・平山郁夫美術館
広島県尾道市瀬戸田町沢200-2　電話：0845-27-3800
・耕三寺
広島県尾道市瀬戸田町瀬戸田553-2　電話：0845-27-0800

第七章　松島
・リストランテマツシマ
佐賀県唐津市鎮西町松島3488-1　電話：080-2738-2655

・カトリック松島教会
佐賀県唐津市鎮西町松島　電話：0955-82-3126

第九章　志々島

・大楠
香川県三豊市詫間町志々島172
・休けい処くすくす
香川県三豊市詫間町志々島397　電話：090-1598-5885
・楠の倉展望台
香川県三豊市詫間町志々島769-1109

第十章　式根島

・わたなべ
東京都新島村式根島606-2　電話：04992-7-0515
・東要寺
東京都新島村式根島11-1　電話：04992-7-0133

本文デザイン　斉藤いづみ
本文写真　小林希
イラスト　わかばやしたえこ

この作品は書き下ろしです。原稿枚数520枚（400字詰め）。

旅《たび》作家《さっか》が本気《ほんき》で選《えら》ぶ!

週末《しゅうまつ》島《しま》旅《たび》

小林《こばやし》 希《のぞみ》

平成30年6月10日　初版発行

発行人——石原正康
編集人——袖山満一子
発行所——株式会社幻冬舎
〒151-0051東京都渋谷区千駄ヶ谷4-9-7
電話　03(5411)6222(営業)
　　　03(5411)6211(編集)
　　　振替00120-8-767643
印刷・製本—中央精版印刷株式会社
装丁者——高橋雅之

幻冬舎文庫

ISBN978-4-344-42745-7　C0195　こ-36-3

幻冬舎ホームページアドレス　http://www.gentosha.co.jp/
この本に関するご意見・ご感想をメールでお寄せいただく場合は、
comment@gentosha.co.jpまで。